Ton in Ton

Ton in Ton

PERFEKTE WOHNFARBEN

Stephanie Hoppen

FOTOS VON LUKE WHITE

Lifestyle by BUSSE SEEWALD

Originalausgabe:
»Perfect Neutrals« erschienen bei Jacqui Small,
an imprint of Aurum Press Limited,
25 Bedford Avenue, London WC1B 3AT

Deutsche Ausgabe:

Übersetzung: Wiebke Krabbe, Damlos
Redaktion und Satz: Lesezeichen Verlagsdienste, Köln
gedruckt und gebunden in Singapur

ISBN 978-3-512-03302-5

SEITE 1 In Jamie Drakes Haus in East Hampton wiederholen sich die hellsten und dunkelsten Töne der Wand auf dem maisfarbenen Sesselbezug.
SEITE 2–3 Catherine Memmi hat in diesen beigefarbenen Raum Grau ins Spiel gebracht – mit der perlgrauen Decke auf der Ottomane sowie vier Schalen und einer Lampe in Anthrazit. Auch die Strukturen des hellen Teppichs, der Weidenkörbe und des Holztisches sorgen für Abwechslung.
DIESE SEITE Mit Kissen und Decken aus unterschiedlichen Materialien in Kaffee- und Sahnetönen wirkt Larry Laslos Eisenbett behaglich.
RECHTE SEITE, VON OBEN NACH UNTEN Bernie de le Cuona hat mit einem Sofa mit feigenfarbenem Bezug, der satt braunen Webpelzdecke und Kissen aus Wildleder in Weiß und Schokoladenbraun eine behagliche Ecke geschaffen. Die kantigen Zinkvasen bringen in Gérard Faivres ganz in Hellgrau gehaltenen Pariser Wohnzimmer einen dunkleren Ton ins Spiel. Vicente Wolf hat das ruhige Wohnzimmer in sanften Grüntönen und verschiedenen naturbelassenen Hölzern gestaltet.

Inhalt

Gestatten: Die neuen Neutralen

RECHTE SEITE Die Küche von Catherine Memmi ist in Erd- und Gewürzfarben gehalten. Sie wirkt ruhig und kommt ganz ohne »obercoolen« Edelstahl aus. Stattdessen vermittelt sie Wärme und altmodische Behaglichkeit. Der Honigton des Holzbodens und das Korbtablett bilden einen schönen Kontrast zum Dunkelbraun von Decke und Einbauten. Mir gefallen auch die Texturen der Backsteinmauer und der großen Körbe. Die Wand ist in einem sanften Mauveton aus der gleichen Familie von Neutralfarben gestrichen.

RECHTS Texturen spielen in einen durchgängig neutralen Raum eine Hauptrolle. Gerade wer Ton in Ton arbeitet, braucht sie, um für Abwechslung zu sorgen. Holz eignet sich gut zur Auflockerung der meisten Farbschemata, ohne aufdringlich zu wirken.

HÖRT MAN DAS WORT »NEUTRAL« im Zusammenhang mit Farbe, drängen sich Bilder von konturlosen Räumen in indifferentem Beige auf. Diese Farbe scheinen Makler in aller Welt vorzuschlagen, wenn jemand eine Wohnung vermieten will. »Streichen Sie die Wände cremeweiß«, sagen sie dann, »und wählen Sie Teppiche und Vorhänge in Beige.« Immobilienmakler glauben, dass alle Menschen in solch einem faden Ambiente leben möchten.

Ich schätze zwar die Ruhe, die helle, neutrale Farben ausstrahlen, aber mir ist auch sehr bewusst, dass alle anderen Farben so viele Schattierungen haben, dass sich einige neutrale Nuancen finden lassen. Wenn ich solche Farben als neutral bezeichne, meine ich damit, dass sie sich mit vielen – wenn nicht allen – anderen Farben gut vertragen.

Je mehr ich über diese Idee nachgedacht habe, mich umgesehen und experimentiert habe, desto klarer wurde mir, dass ich recht hatte und dass es neben Beige eine Menge neutraler Farben gibt. Und mehr noch. Die Bandbreite der interessanten, aufregenden Farben und Töne, die es da gibt, lässt den Begriff »neutral« in ganz neuem Licht erscheinen.

Diese Tatsache leuchtet ein, wenn man sich von althergebrachten Vorstellungen löst und das langweilige Beige vergisst. Wäre beispielsweise Grün nicht neutral, sähen Gärten scheußlich aus. Wäre Blau nicht neutral, würde sich alles mit dem Meer oder dem Himmel beißen. Wer die »perfekten Neutralen« sucht,

LINKE SEITE Ein zwangloser Wohnraum in verschiedenen Erd- und Gewürzfarben, die großartig miteinander harmonieren. Luigi Esposito hat Stoff, Leder, Samt und Kunstfell munter gemixt und durch die zahlreichen abgestimmten Farbtöne einen modernen, unaufgeregten Stil geschaffen.

LINKS Eine Sammlung Keramikteller auf einer blassgrauen französischen Anrichte. Das Gelb der Wand und des Sessels ist schon etwas gewagt. Oft sieht man diese Farbe nicht, dabei kann sie, wenn sie gekonnt eingesetzt wird, selbst an trüben Tagen Sonnenstimmung vermitteln.

UNTEN LINKS Der Sessel mit dem rohweißen Leinenbezug kommt durch die Akzente in Schwarz optimal zur Geltung. Das untere Kissen hat einen Bezug aus kohlegrauem Stoff von de le Cuona und witzige Lederschließen mit Schnallen. Der obere Bezug besteht aus stark strukturiertem Straußenleder. Auch die gefaltete afrikanische Decke mit der Perlenstickerei fügt eine weitere Textur hinzu.

sollte nicht zu den klaren Basisfarben schauen, sondern zu den »angeschmutzten«. Das klingt zunächst wenig ansprechend, aber ich habe kein anderes Wort, um diese Schattierungen zu beschreiben, die jede Farbe hat, die ebenso neutral sind wie Beige und dabei als Wohnfarben bei weitem interessanter und anregender. Wer Farben für einen Raum auswählt, sollte nicht nur überlegen, welche es sein sollen, sondern auch, wie sie eingesetzt werden. Farben in mehreren abgestuften Tönen können sehr schön aussehen, und kleine Akzente wirken oft besser als starke Kontraste. Was ich letztlich sagen will ist, dass wir unsere Einstellung

RECHTS Puren Luxus strahlt dieses Schlafzimmer in Grau und Creme aus. Das edle Bett, in dem niemand Geringerer als Napoleon geschlafen hat, wurde von Edmond Petit mit einer Decke aus feinstem Seidensamt in einem warmen Braunorange ausgestattet. Farben, die man auch in der Natur zusammen findet, harmonieren immer miteinander und wirken nie künstlich. Die schwarzen Kunstledervorhänge sind, ebenso wie das Bild, an einer Schiene unter der Stuckleiste aufgehängt. Die cremefarbenen »Barcelona«-Sessel korrespondieren mit dem Katzenbild in ähnlichen Farben.

RECHTE SEITE Der versiegelte, warm sandfarbene Klinkerboden im Fischgratverbund ist die Attraktion dieses Esszimmers, das Stephen Falcke gestaltet hat. Die strukturierten Wände haben einen ähnlichen Farbton, während Türen und Fensterläden hellgraublau sind. Das Rot aus dem angrenzenden Raum setzt sich auf den Streifenbezügen der alten Stühle aus Transvaal und den Vichykaro-Polstern der beiden französischen Stühle fort.

zu Farben ändern sollten. Der sichere Weg ist nicht immer der beste. Im 21. Jahrhundert wünschen wir uns ruhige Wohnräume, aber keine langweiligen; Farben, die uns nicht anschreien; gedämpfte Töne als Hintergrund; feine Abstufungen für die subtile Lebendigkeit und hier und da Akzente, die für Abwechslung sorgen, ohne brutale Kontraste zu bilden.

Wie immer habe ich Meister der Farbe besucht, um Inspirationen und schöne Wohnungen als Foto-Locations zu finden. All meine kreativen Gastgeber haben meine Idee der »perfekten Neutralen« noch bereichert und auf vielfache Weise zur Entwicklung meiner Theorie beigetragen.

Eine der wichtigsten Lektionen, die ich beim Schreiben dieses Buches gelernt habe, ist das erfolgreiche Kombinieren von Farben und Texturen, das

besonders wichtig ist, wenn man Ton in Ton arbeitet. Gerade das sanfte Auf und Ab der Farbtöne gibt durch verschiedene Texturen und Gewichte einem Raum große Eleganz und lässt ihn vielschichtig und interessant wirken, ohne dass dabei die ruhige Ausstrahlung dieser »Off«-Farben verloren geht. Das Ton-in-Ton-Konzept lässt sich mit vielen Schattierungen und Texturen realisieren: hell und dunkel, leicht und schwer, uni und gemustert, glatt und rau, zart und robust. Es kann einen Raum strukturieren und ihm eine neutrale Basis geben, ohne langweilig (oder beige) zu sein. Denken Sie daran, dass auch sehr helle und sehr dunkle Farben neutral sein können. Ich habe sogar festgestellt, dass die Kombination vieler Abstufungen einer Farbe – selbst einer kräftigen – als sehr ansprechende neutrale Basis dienen kann.

Ein zweites Geheimnis bei der Gestaltung eines perfekten, neutralen Raums sind die richtigen Akzentfarben in der optimalen Menge und Kombination. Akzentfarben bringen eine zusätzliche Dimension ins Spiel und sorgen für Abwechslung. Sie sollen den Blick einfangen, aber nicht erschrecken, etwa indem sie zu dominant sind oder deplatziert wirken. Farbakzente kann man auf vielerlei Weise setzen, einfarbig und gemustert, durch Kissen, Läufer, Decken, Möbelstücke, Keramiken oder andere Dekorationsobjekte, durch Vasen und frische Blumen.

Farbe ist für unser Leben wichtig. Sie kann die Stimmung heben und schafft Atmosphäre. Mit diesem Buch möchte ich Ihnen zeigen, wie man Farben selbstbewusst einsetzen kann, um ein Maximum an Wohnqualität zu gewinnen.

LINKE SEITE Die Innenarchitektin Clodagh hat für fast alle Elemente des Raums, mit Ausnahme der hellen, sonnengelben Wände, ein helles Graubraun gewählt. Durch diese Einfarbigkeit wirkt der Raum sehr ruhig. Nur die Strukturen von Teppich, Stoffen, Holz, Wänden und Feuerholz sorgen für Abwechslung und verhindern, dass der Raum fade wirkt. Die Bilder auf dem Kaminsims sind einfach an die Wand gelehnt: Kunst kann durchaus lässig sein.

LINKS Diese Wand ist mit einem weichen, hellzimtfarbenen Samt bespannt, der wie antik aussieht und je nach Lichteinfall changiert. Durch diese Unregelmäßigkeit bekommt die Farbe viel Charakter. Das abgewetzte braune Leder auf dem hübschen antiken Stuhl ist eine perfekte Ergänzung, die eine weitere Textur ins Spiel bringt.

ROHWEISS • Schnee Milch Baiser Musselin Eiweiß Vanillesauce Milchreis Butter Mürbeteig Sahne Klöppelspitze Bienenwachs Biskuit Haferflocken Nessel Bindfaden Mandel Stein Kordel Tempera Pergament Wolke Kokosnuss Blumenkohl Fetakäse Jute Tuberose Joghurt Wattebäuschchen Mayonnaise Weiße Schokolade Elfenbein Kreide Magnolie Canvas Mascarpone Hanf Grießbrei Weiße Trüffel

All diese Farben und Nuancen klingen nach kleinen, tröstlichen Verwöhnern – Milch, Sahne, Haferflocken, Butter, Biskuit. Sie unterscheiden sich nur minimal und vertragen sich, wie es bei Neutralfarben fast immer der Fall ist, alle gut miteinander. Es sind die Farben der Reinheit und Klarheit. Paradoxerweise können sie Räume warm und behaglich, aber auch kühl und luftig wirken lassen.

Diesen luxuriösen Raum hat Vicente Wolf in Creme ausgestattet. Das Sofa mit Chenillebezug korrespondiert mit dem großen Hocker, der eine ähnliche Knopfheftung hat, aber einen moderneren Leinenbezug. Es ist die gleiche Farbe, aber Textur und Wirkung sind ganz anders. Rollos aus weißer Leinengaze sind mit Vorhängen aus Seidentaft kombiniert.

Larry Laslo beweist, wie edel Weiß und Creme in einem strengen Wohnzimmer aussehen können. Verschiedene Stoffe in Milchweiß kontrastieren gut mit dem dunklen Holz von Mobiliar und Boden. Interessant sind dabei vor allem die subtilen Unterschiede in Ton und Textur. Weil auf Vorhänge an den Fenstern verzichtet wurde, bildet der Ausblick auf die Natur vor dem Haus einen farbigen Hintergrund.

MILCH

EIWEISS

MILCHREIS

SCHNEE BIS MILCHREIS

SCHNEE

VANILLESAUCE

MUSSELIN

BAISER

Die hellsten Weißtöne kommen am besten mit Materialien zur Geltung, die Tiefe und Wärme ausstrahlen, denn erst durch Texturen gewinnen sie an Leuchtkraft. Für diese reinen Rohweißtöne von Milch oder Schnee wurden Ton-in-Ton-Effekte eigentlich erfunden, um den Behaglichkeitsfaktor mit verschiedenen Tonabstufungen, Texturen, Gewichten und »farblosen Mustern« langsam aufzubauen. Solche Räume wirken warm, einladend und elegant – aber nie langweilig.

Hockney's
james rosenquist

A whiter shade of pale

EIN RAUM IN BLASSEN MILCHTÖNEN muss nicht monoton sein. Wenn die Basis der Raumgestaltung festgelegt ist, beispielsweise durch Bodenbelag, Sofas und Vorhänge, können durch Dekorationselemente, Kissen und Accessoires weitere Ebenen hinzukommen. Diese lassen sich dann nach Lust und Laune austauschen. So könnte man für den Winter kräftigere Erdtöne wählen, um den Wechsel der Jahreszeiten auszudrücken und dem Raum Wärme zu verleihen.

Diese Weißtöne mögen sanft sein, doch sie können viele verschiedene Emotionen vermitteln. Duftig und lässig wirken reichlich locker drapierter, gazeartiger Stoff und lose Sitzbezüge. Wer es eher kühl und sachlich mag, könnte sich für robusten Denim oder praktischen Nesselstoff entscheiden. Feines Leinen und weiche Wolle wirken gemütlich und behaglich, und in strukturierter, schwerer Seide wirken die Farben elegant wie ein Couture-Kleid. Weil sich diese Farben so mühelos kombinieren lassen, spielen die Texturen eine besonders große Rolle. Zum Glück liefern uns moderne Produktionstechniken und vor allem die kreativen Textildesigner, deren Produkte in diesem Buch gezeigt werden, reichlich Material, mit dem wir experimentieren können.

Ein gutes Beispiel sind die Stoffe von Bernie de le Cuona. Die Designerin schwelgt in diesen Farben und verwendet sie in unterschiedlichster Dichte und Struktur – von feinstem Leinen über Kaschmir bis zu grob gestrickter Wolle. Ich kann an ihrem Geschäft in der Londoner Walton Street nicht vorbeigehen, ohne im Schaufenster die Kombination von Stoffen ganz unterschiedlicher Qualitäten in ähnlichen Farben zu bewundern – ein Lehrbeispiel an Schlichtheit, elegantem Luxus und Behaglichkeit.

LINKE SEITE Dieser kühle, zurückhaltende Raum wirkt sehr übersichtlich. Als Akzente dienen nur die ungewöhnliche Vase von Barovier & Toso auf dem französischen Acryltisch und der Muranoglas-Kronleuchter aus den 1930er Jahren, der funkelt wie Eiszapfen.

OBEN Gepolsterte Bettkopfenden im Retro-Stil liegen ganz im Trend – sie sind einfach gemütlicher sind als Eisen- oder Holzkopfteile. Dieses Modell wirkt vor allem durch seine Textur, ebenso wie die warm braune Decke.

LINKS Ein schokoladenbrauner Wengée-Sessel von Andrew Martin hat einen edlen Bezug aus rohweißem Leinen bekommen und ziert sich mit Kissen mit verschiedenen Seidenbezügen. Für die Wand hat Luigi Esposito eine seiner Lieblingsfarben gewählt: »Clunch« von Farrow & Ball.

Schnee- und Milchfarben sind hinreißend für halbtransparente Faltrollos unter schweren Seiden- oder Wollvorhängen. Sie eignen sich ebenso für die Schiebevorhänge, die derzeit im Trend liegen und zu vielen Wohnstilen passen. Hängen Sie einmal drei verschiedene Stoffe an separate Schienen, sodass man jeden einzeln zuziehen kann. Nichts vermittelt so viel Sommerstimmung wie ein duftiger Leinen- oder Organzavorhang in Rohweiß. Solche Vorhänge kann man für wenig Geld aufhängefertig mit Schlaufen oder Kräuselband im Kaufhaus erstehen. Wer es fülliger mag, nimmt pro Fenster drei Paar statt eines oder hängt pro Seite zwei Vorhänge auf, von denen einer lose hängt und der andere zur Seite gerafft wird.

Eiweiß, Baiser, Mascarpone und Sahne sind für mich die Farben von Wolle und Kaschmir – wunderbar weiche Decken, locker über die Lehnen von Sofas drapiert oder auf einem Bett ausgebreitet. Sie geben Räumen in Rohweiß im Winter angenehme Wärme und Behaglichkeit und wirken umso schöner, wenn unterschiedliche Qualitäten kombiniert werden. Gerade in einem Wohn- oder Schlafzimmer strahlen diese Farbkombinationen Sicherheit, Frieden, Wärme, Ruhe und dabei zeitgemäßen Chic aus. Sie haben die Wahl zwischen der luxuriösen Variante mit edlem Kaschmir und feiner Alpaka- und Mohairwolle oder preiswerteren Stoffen wie Leinen, frischer Baumwolle oder duftigem Voile, der kühl und sommerlich wirkt.

LINKS UND OBEN In diesem Schlafzimmer zeigt Bernie de le Cuona, wie wichtig Rhythmus und Ausgewogenheit sind. Stoffe in Ton-in-Ton-Farben sind »in Schichten« eingesetzt. Sie wirken ruhig, schaffen durch verschiedene Dichte und Textur aber auch Abwechslung. Kissen, Laken und Decken sind so arrangiert, dass man alle sehen kann. Am Fenster hängen Vorhänge in drei verschiedenen Leinenqualitäten in Schattierungen von Milchweiß.

RECHTS Vor einem rohweißen Hintergrund übernehmen die Möbel die Hauptrolle. Vicente Wolf hat Tischfüße aus dem Gewerbebedarf als Unterbau für einen Tisch mit alter Holzplatte verwendet – der neue Industriechic. Durch die bunte Mischung von Stühlen wirkt der Raum charmant, unkonventionell und benutzerfreundlich.

SCHNEE BIS MILCHREIS TOP TIPPS

- Um eine leblose, fade, altmodische Wirkung zu vermeiden, achten Sie auf weiche Farbabstufungen und möglichst viel Abwechslung in den Texturen.
- Wählen Sie für Akzente reflektierende Materialien wie Perlmutt, Spiegel, Glas und Kristall.
- Cremefarbenes Leinen in allen Nuancen und Webarten eignet sich für vielfältige Effekte. Besonders edel wirkt es zusammen mit schwarzem Leder, aber es verträgt sich auch mit schwarzem oder naturfarbenem Rattan oder lasiertem oder lackiertem Bambus.
- Alte Holzböden, die nicht in Topzustand sind, kann man abschleifen, streichen und wachsen. Reines Weiß ist zu hart, aber Creme- oder Hellgrautöne vermitteln heitere Ferienhausstimmung. Der Anstrich darf ruhig ein wenig streifig ausfallen. Ist er zu ebenmäßig oder stark glänzend, geht der Holzcharakter verloren.
- Schaf- oder Kuhfelle sind ein schöner Ersatz für Läufer – vor allem auf dunklen Holzböden.

In diesem schwerpunktmäßig weißen Raum sorgt allein das Wechselspiel von Hell und Dunkel für einen Mustereffekt. Die Einrichtung sieht schlicht aus, doch das Geheimnis liegt in den vielen besonderen Details – der Sammlung interessanter Objekte in dem Regal, den zurückhaltenden Polstermöbeln, dem weiß lackierten Kaminumbau und dem Schwarzweißfoto, das lässig darauf lehnt. Manchmal gewinnt ein Raum gerade durch das, was man nicht hineinstellt.

SCHNEE BIS MILCHREIS FARBMUSTER

Beim Gestalten eines Raums in hellem Rohweiß kommt es darauf an, dass er weder langweilig noch streng wirkt. Das Patentrezept heißt »Ton in Ton«. Hier geht es um einen kühlen, ruhigen Raum mit einem interessanten Texturenmix, der für Abwechslung sorgt und Behaglichkeit vermittelt. Empfehlenswert sind abgebeizte Dielen aus hellem Holz (7), Bambus (9) – ein tolles neues Material – oder cremefarbener Naturstein (12), vielleicht auch ein Wollteppich (4) oder ein Naturfasermaterial wie Sisal mit heller Ledereinfassung (6). Luxuriöser Kaschmir eignet sich für Kissen und sogar für Vorhänge (5). Papierstoff (14) steuert Textur bei, ebenso Unimuster (8 und 10), während bestickte Stoffe (1) oder Ornamentgewebe (13) sich für extravagante Kissen eignen. Das große braunweiße Karo (3) ist ein Blickfang, vor allem in Kombination mit einem anderen Muster in den gleichen Farben (11). Versuchen Sie verschiedene Muster in gleichen Farben auch für Vorhänge und Kissen. Dünnes Leinen (2), solo oder in Kombination mit einem schwereren Stoff, ist perfekt für Rollos und Gardinen.

BUTTER

KLÖPPELSPITZE

Dieses lässige, einladende Wohnzimmer wurde von Luigi Esposito gestaltet und von Katharine Pooley ausgestattet. Die Wände sind in einem warmen Cremeton gestrichen (»Clunch« von Farrow & Ball). Die Kombination aus Holzboden, Wengé-Möbeln, cremefarbener Leinen-Ottomane und rohweißem Leinensofa ist von schlichter Eleganz. Die Samt- und Seidenkissen in blassem Türkis, der Fellteppich, der Federkopfschmuck aus Kamerun und die Bilder wirken allesamt ethnisch.

VANILLE

BUTTER BIS BISKUIT

SCHLAGSAHNE

MÜRBEPLÄTZCHEN

BIENENWACHS

BISKUIT

Die Farben von Butter und Sahne sind die wärmsten Rohweiß-Töne. Das liegt an dem gelblichen Unterton, dem sie ihre Leuchtkraft verdanken. Solche Farben sind ideal für Polstermöbel mit Bezügen aus schweren, luxuriösen Stoffen wie Wolle, Samt und Wildleder, aber auch für Teppiche, die Räume strukturieren können. Ich fasse diese Töne unter dem Begriff »Winterweiß« zusammen, weil sie so warm und behaglich wirken.

Modern, aber wohnlich

WARME BUTTERTÖNE erzeugen eine ganz andere Raumatmosphäre als Schneeweiß, das fast immer lässig und luftig wirkt und perfekt zum Ambiente einer Strandhütte oder eines Landhäuschens passt. Das raffinierte, aber sanfte Cremeweiß passt besser in ein elegantes Wohnzimmer oder in ein Schlafzimmer mit hohem Behaglichkeitsfaktor.

Diese warmen Weißtöne besitzen mehr Präsenz als ihre helleren Verwandten. Sie verlangen nach schweren, griffigen Stoffen wie Wolle, Samt, schimmernder Rohseide oder luxuriösem Leder und Wildleder. Weil sie Wärme vermitteln, setze ich sie in hell gestalteten Räumen gern als »Winterfarben« ein. Wie man üppige Butter auf ein frisch gebackenes Brötchen streicht, so kann man in einem in Rohweiß eingerichteten Raum grob gestrickte Decken, Samtkissen und -vorhänge oder einen Teppich im Sitzbereich einsetzen, um die Atmosphäre subtil zu verändern und beispielsweise in der kalten Jahreszeit eine warme Ausstrahlung zu schaffen. Tatsächlich vermitteln diese Farben so viel Wärme, dass man sie beinahe den sonnigen Farben zuordnen könnte – aber eben nur beinahe.

Die Buttertöne sind vielseitig und lassen sich mit fast allen anderen Farben kombinieren. Besonders gut sehen sie neben hellem und dunklem Holz aus. Zebramuster eignet sich als witziger Akzent.

LINKE SEITE Für dieses anheimelnde Wohnzimmer hat Luigi Esposito Sofas, Lampen und einen dunklen Holztisch von Ralph Lauren gewählt und die Wände mit Wildlederimitat bespannt. Auch die Bar im Stil der 1930er-Jahre ist ein Entwurf des Designers.

OBEN Ein freundlicher Wohnraum in Cremetönen mit einem goldbraunen Holzfußboden wirkt durch Spiegel und Accessoires in Gold und Glas noch strahlender.

LINKS Ein behagliches Schlafzimmer von Alberto Pinto mit einer Wandverkleidung aus wattiertem Wollstoff. Der Teppich hat die Farbe von Milchschaum im Cappuccino.

FARBEN AUSWÄHLEN FRANCESCA WEZEL

Beim Gestalten eines Raums muss zuerst entschieden werden, welches Finish gewünscht ist. Glanz- und Vinylfarben reflektieren Licht und lassen den Raum eventuell kleiner wirken. Trotz der Einfarbigkeit können durch das Spiel des Lichts interessante Effekte entstehen. Matte Farben absorbieren das Licht, sodass die Textur der Wand stärker ins Auge fällt.

Achten Sie auch auf die Qualität des Tageslichts. Ist es grau und kalt, sollte man kein Reinweiß für die Wände verwenden, weil dies vor allem in den Ecken dann auch grau scheinen kann. Kleinen Räumen mit wenig Tageslicht stehen kräftige Farben gut, aber auch Rohweiß mit einem kräftigen Gelbanteil.

Ein wichtiger Aspekt bei der Gestaltung von Räumen in Rohweiß ist die Wahl der richtigen Farbnuancen. Die Atmosphäre kann verloren gehen, wenn man einen langweiligen oder gar falschen Ton kauft. Weil das Angebot heute so groß ist, wird man manchmal in einer kleinen Palette leichter fündig als im Computermischcenter, das Tausende von Farbtönen anbietet. Zu meinen Lieblings-Farbherstellern zählen Farrow & Ball, Benjamin Moore, Kelly Hoppen, Flamant und Francesca's Paints von Francesca Wezel (siehe Seite 188). Francescas Farben sind hinreißend und die Kataloge sind handgestrichen, sodass man dort die reale Farbe sieht. Vor allem die Kalkfarben verleihen Wänden ehrwürdigen Antik-Charme.

Fast alle Firmen bieten Probierdöschen an. Am besten streicht man zur Probe zwei nicht zu kleine Flächen, eine im Sonnenlicht, eine im Schatten, und prüft sie sowohl bei Tages- als auch bei Kunstlicht.

BUTTER BIS BISKUIT FARBMUSTER

Zu dieser wärmeren Rohweiß-Palette passen Fußböden mit weicher Wirkung. Honigfarbenes Holz wie Eiche (6) ist ideal für den Wohnbereich, Stein in Sandtönen (10) ist eine praktische Wahl für Küche und Bad. Wer es weicher mag, nimmt einen strukturierten Wollteppich (2). Auf der Treppe oder in einem langen Flur wirkt ein Streifenteppich (7) unaufdringlich modern. Dazu passen am besten schlichte Stoffe mit kontrastreichen Texturen, etwa weicher Samt (1) und Feincord (11) zu den tollen neuen Papierstoffen (3 und 5). Ton-in-Ton-Muster wirken ruhig, aber kein bisschen langweilig. Schauen Sie sich einmal Leinen oder Baumwolle in einfachem Vichykaro (9) an, das sich als Vorhangfutter gut eignet. Auch abstrakte Muster (4) sind reizvoll, ebenso wie die luxuriösen Texturen von Nadelstreifenkaschmir (12) oder Seide mit Stickereimotiven (8).

Auf dieser Ansicht des Wohnzimmers von Seite 25 sieht man mehr von den Details, die ein modernes cremefarbenes Interieur von dem einheitlich-tristen Beige früherer Jahre unterscheiden. Der Raum wirkt zeitgemäß, chic und erwachsen, und dabei doch ungemein behaglich. Bemerkenswert sind die schlichten Seegraspaneele in Rahmen aus Kirschholz, die einen interessanten Kontrast zu den Häuptlings-Federkronen an der Wand gegenüber bilden. Ob Kissen in hellem Türkis und Moosgrün, Sessel mit braunem Alligator-Imitat-Bezug, Seegrasstühle oder Ottomane mit Mahagonigestell und Leinenbezug: Die Vielfalt der sorgfältig aufeinander abgestimmten Texturen gibt dem Raum seinen ausgewogenen Charakter.

Erdtöne bringen Wärme in dieses bequeme Wohnzimmer in Rohweiß. Wände, Vorhänge, Rollos und Sessel aus haferflockenfarbenem Leinen bilden die kühle Basis der Farbgestaltung. Wärmere Töne steuern der weiche, kamelfarbene Wollbezug des Sofas und die pilzfarbenen Stuhlbezüge aus glattem Wollstoff bei. Der chinesische Tisch aus Ulmenholz, die Holzschalen und die afrikanischen Masken sind stimmige Akzente.

KORDEL

NATURLEINEN

NESSELSTOFF

BINDFADEN

HAFER-FLOCKEN BIS BINDFADEN

HAFERFLOCKEN

MANDEL

Kommt man zu den Farben von Haferflocken, Bindfaden und Steinen, verändert sich das Bild allmählich. Trotzdem vertragen sich diese Töne mit anderen Rohweiß-Nuancen. Durch ihren aschgrauen Unterton wirken sie aber kühler und sachlicher und passen gut zu einem klar strukturierten Wohnstil mit sachlichen Polstermöbeln. Daneben bilden sie aber auch eine großartige Farbgrundlage für Räume mit Möbeln aus der Provence oder dem gustavianischen Schweden.

STEIN

HAFERFLOCKEN
BIS BINDFADEN

Chic and the City

DIESE FARBEN, DIE ZUM HELLEN GRAU tendieren, bilden das Gegenstück zu den warmen Buttertönen. Sie sind kühl und cool – im Hinblick auf die Atmosphäre und den Stil. Diese elegante, aber etwas kantige, strenge Farbpalette ist ein Klassiker für moderne Stadtwohnungen im Loftstil, in denen man die Farben von Haferflocken, ungebleichtem Leinen, Bindfaden und Stein oft sieht. Es ist ein maskuliner Stil, der in das 21. Jahrhundert passt und am besten in großen Räumen wirkt, in denen die Farben und Texturen »atmen« können.

Die Kombination der hellen und dunklen Töne in einem Tweedstoff bietet sich für den Bezug eines modernen Sofas an. Ordentlich aufgereihte Kissen aus Wildleder und Leder in ähnlichen und milchigeren Farben setzen einen behaglicheren Akzent, ohne die klare, entschiedene Wirkung des Stils aufzuweichen. Dazu passt nur eine sparsame Fensterdekoration, etwa glatte Stoffbahnen oder hölzerne Innenfensterläden.

OBEN Mit dieser Kombination aus einem modernen, grafischen Gemälde und zwei schmalen antiken Spiegeln ist dem Innenarchitekten Frédéric Méchiche ein Geniestreich gelungen. Das Ensemble wirkt sehr elegant und bildet gleichzeitig einen neutralen Hintergrund, vor dem die ungewöhnliche Möbelsammlung gut zur Geltung kommt. Das pilzfarbene Samtsofa und der Naturfaser-Bodenbelag setzen der Steinsäule und den kittfarbenen Wänden etwas Weiches entgegen. So wirkt der Raum wunderbar ausbalanciert.

OBEN Dieser warme, schlichte Raum lebt durch die verwendeten sanften Farben und Texturen. Der Blickfang ist das Bett mit dem interessanten, gepolsterten Kopfteil, das seitlich wie ein Ohrensessel abgewinkelt ist. Zusammen mit den verschiedenen Texturen der Betttextilien trägt es zum sinnlich-taktilen Charakter der Einrichtung in Bindfaden- und Milchkaffeetönen bei.

RECHTS In Bernie de le Cuonas Wohnzimmer stehen neben bequemen Sofas leichtere Sessel mit Kissen und sorgfältig gefalteten Decken in Akzentfarben, die man jederzeit auswechseln kann, wenn eine andere Atmosphäre gewünscht ist. Als Couchtisch dient ein antikes Bett aus Afrika. Massivholz hat immer eine angenehm solide Ausstrahlung.

Teppiche und Läufer in dunklen Nuancen der gleichen Farben »erden« die Einrichtung und steuern eine weitere Ton- und Texturebene bei. Diesen Farben stehen Oberflächen aller Art gut – von rau bis glatt.

Haferflockenfarbener Tweed bietet sich als Material für Möbelbezüge an, aber auch Chenille, Wolle, Weide, Stein, Metall und Holz kommen in dieser Farbe gut zur Geltung. Eigentlich ist jedes griffige Material eine Bereicherung für diesen Stil, während völlig einfarbige Flächen etwas langweilig aussehen können.

Für diese kühlsten Farben der Rohweiß-Palette sind warme Akzente in allen Kaffeetönen die beste Wahl – von Milchkaffee und Cappuccino bis Mokka und Espresso.

LINKS Der Wohnbereich auf einer überdachten Terrasse in Südafrika wurde von Stephen Falcke mit Möbeln von Dedon ausgestattet. Die Firma produziert praktische Modelle mit einer Kunststoffbeschichtung für drinnen und draußen. Der üppige Garten ist ein herrlicher Hintergrund für diesen »Raum«, in dem afrikanische Schalen und Accessoires ihre abwechslungsreiche Farbigkeit und Oberfläche beisteuern.

OBEN Dieser sonnige Raum hat an zwei Seiten Schiebetüren, durch die man auf die Terrasse gelangt. Die Bereiche gehen nahtlos ineinander über, weil sie mit ähnlichen Farben und Materialien eingerichtet sind. Der indonesische Sessel namens »Louise« steht wie eine Skulptur im Raum.

TIERFELLMUSTER SETZEN AKZENTE

Fast alle Designer, mit denen ich in letzter Zeit gesprochen habe, setzen Tierfellmuster ein. Vor allem Großkatzen stehen hoch im Kurs. Tiger-, Leoparden-, aber auch Zebradrucke werden für Akzente eingesetzt – auf Kissen, Decken, Läufern und anderen Accessoires in allen nur vorstellbaren Farben. Es liegt am natürlichen Tarneffekt dieser Muster, dass sie sich so gut in die Wohnumgebung einfügen. Fast alle Farben werden durch Accessoires im Animal Print aufgewertet, und das gilt besonders für das Off-white-Spektrum.

Beim Gestalten mit einem so reservierten Farbspektrum kann es sehr wirkungsvoll sein, überraschende Details einzusetzen. Dinge, die man in einem solch dezenten Raum nicht erwarten würde, werden allein durch ihr Anderssein zum Blickfang. Denkbar wäre eine Metallskulptur, ein ungewöhnliches Möbelstück, ein mächtiges Stück Treibholz oder ein exotisches Kunstwerk. Solche Stücke werten einen Raum auf und geben ihm Individualität. Obwohl der ultraminimalistische Stil schon als überholt gilt, sollten Sie doch auf zu viele Deko-Kleinigkeiten verzichten. Wer einen Raum harmonisch einrichten will, muss eher aussortieren als hinzufügen. Andererseits soll eine Wohnung natürlich auch widerspiegeln, was Sie mögen und brauchen, um sich daheim zu fühlen.

Zusammenfassend könnte man über die Rohweißtöne sagen, dass die erste Gruppe – von Schnee bis Milchreis – besonders unkompliziert einzusetzen ist, weil Fehler fast nicht vorkommen können. Spannend wird es, wenn man sie mit Farben aus den anderen Gruppen – Butter bis Biskuit oder Haferflocken bis Bindfaden – kombiniert, die Wärme und Behaglichkeit beisteuern. Meiner Meinung nach ist die Gestaltung eines Raums, in dem Farben aus allen drei Gruppen verwendet werden, vielleicht etwas anspruchsvoller zu realisieren, aber auch erheblich lohnender.

OBEN Ein Zebrafell auf dem Boden und eine Decke mit Leopardenmuster genügen, um einem traditionellen Zimmer das Flair des 21. Jahrhunderts zu geben. Gerade solche Details machen Räume aufregend und zeitgemäß. Wer keine echten Felle verwenden will, kann zwischen vielen Drucken in überzeugender Qualität wählen.

LINKS In diesem Haus schließt sich an Sauna und Fitnessraum ein Wellnes-Bereich an, in dem man sich nach dem Training entspannen kann. Bequeme Sessel und Sofas laden zum Zurücklehnen ein, und der Travertinboden wird durch einen schlichten afghanischen Teppich behaglich. Ich mag natürliche Fußböden, weil sie dem Raumdesign etwas Organisches geben. Den Blickfang dieses ansonsten ruhigen Raums bildet ein reich verzierter mexikanischer Spiegel.

HAFERFLOCKEN BIS BINDFADEN FARBMUSTER

Weil die Fensterdekorationen immer schlichter werden, scheinen glatte Leinenrollos schon fast eine Selbstverständlichkeit zu sein. Sie bieten Sichtschutz und lassen diffuses Tageslicht durch.

Wer die graustichigen Rohweißtöne verwendet, kann sie gut mit dunklerem Grau oder erdigen Farben kombinieren, um ihnen Bodenhaftung zu verleihen. Ein dunkel graubrauner Steinboden (10) kann sehr edel aussehen, allerdings wirkt ein glänzender Holzboden in einer ähnlich kräftigen Farbe (6) wärmer. Wer es lieber weich unter den Füßen mag, könnte einen groben Wollteppich (8) oder Naturfasern wie Sisal, Kokos oder Seegras mit rohweißer Einfassung (7) wählen. Bei Textilien sollten Sie leichte und schwere Qualitäten kombinieren. Feines Leinen in Stein- oder hellen Schiefertönen (2 und 4), ein großes sandfarbenes Karo (9) und leichter Kaschmir (5) sind ideal für Fensterdekorationen, Vichykaro und Kaschmir eignen sich auch für Kissenhüllen. Für Polstermöbelbezüge ist haferflockenfarbiges Leinen (11) sehr vielseitig und anpassungsfähig. Accessoires aus Papierstoff (13) steuern eine weitere interessante Textur bei, während kleine Mengen eines prächtigen, kakaofarbigen Musters (1) vor allem im Winter für Behaglichkeit sorgen. Hahnentritt (3) und ein schöner Streifen (12) aus schwereren Stoffen sind ebenfalls chic.

Akzente zu Rohweiß

AKZENTE LASSEN SICH in Räumen in Rohweiß auf vielerlei Weise setzen. Besonders interessant sind aber Kombinationen mit Kaffee- und Schokoladenfarben oder mit Gewürztönen wie Zimt und Ingwer. Vielleicht ist es einfach so, dass »appetitliche« Farben sich von Natur aus gut vertragen: Denken Sie nur an Kaffee und Sahne, Zimt und Baiser, Mokka und Biskuit: lauter erfolgreiche Verbindungen. Allerdings handelt es sich hier nicht wirklich um Akzente, sondern um einen Ausflug aus einem neutralen Spektrum in ein anderes. Alle Rohweißtöne lassen sich ausgezeichnet mit sämtlichen Erd- und Gewürzfarben kom-binieren. »Schärfere« Gewürzfarben wie Chili brauchen etwas mehr Feingefühl, können aber ausgesprochen spannend wirken.

CREME, ERIKA & SCHOKOLADE Bernie de le Cuona setzt in ihrem Wohnzimmer in Haferflockenfarben die Töne von Erika, Kaffee, Schokolade und Sahne für subtile und lässige Akzente ein. Der schöne Holztisch ist ein guter Hintergrund für die malvenfarbene Glockenblume, eine ungewöhnliche Blumendekoration. Auch die auf die Szenerie abgestimmten Kissen und die säuberlich gefalteten Decken, die einen Mittelstreifen auf den Sesseln unter den symmetrisch schrägen Stehleuchten bilden, sind schöne, unkomplizierte Farbakzente.

MILCH, SEEHUND & HOLZKOHLE In einem edlen, ultramaskulinen Penthouse hat Luigi Esposito mit antiken italienischen Sesseln und einer Decke in Chinchilla-Optik ein verspieltes Ensemble gestaltet.

BAST, INGWER & KAKAO Vicente Wolf hat den modernen Tisch aus zwei verschiedenen Hölzern geschickt als Blickfang eingesetzt und damit gleich zwei Akzentfarben in diesen Wohnbereich gebracht. Das dunkle Braun kehrt in der afrikanischen Skulptur und dem Kissen wieder, während der hellere Ton mit dem Ledersessel korrespondiert.

KIESEL & GRANIT Dieser Raum in Kieselfarben lebt durch die Vielfalt seiner Texturen. Die einzigen dunkleren Akzente sind die beiden kantigen Säulen, das Gestell des Sessels, die Lampen und ein Kissen.

HAFERFLOCKEN, VEILCHEN & SCHOKOLADE Der Tweed im Haferflockenton würde eher kühl wirken, wenn da nicht die Samtkissen in dunklem Violett und Schokoladenbraun wären. Es ist interessant, wie stark die Accessoires die Atmosphäre eines Raums bestimmen.

BUTTER & JADE Das sanfte Grün des Ölgemäldes lieferte die Inspiration für die Wahl der Accessoires in dem von Katharine Pooley ausgestatteten Haus. Die Platzteller bestehen aus Jade, die Griffe des Bestecks haben einen ganz ähnlichen Farbton. Es ist geschickt, an die Farbe eines vorhandenen Elements anzuknüpfen, aber auf abwechslungsreiche Oberflächen zu achten.

SAND & FLASCHENGRÜN
Das Sofa in hellem Sandbeige und der Tisch aus Stahl und Glas geben dieser Pariser Wohnung eine luftige Ausstrahlung. Die Accessoires in leuchtendem Grün sehen dazu ausgesprochen chic aus.

CREME & HELLES TÜRKIS
Eine Sammlung edler Kissen aus prächtigem schwerem Samt und handbedruckter Seide in zarten Grüntürkistönen gibt diesem Raum Glamour und Struktur. Die Muster sind Kopien von Originalstoffen aus dem Schloss von Versailles und werden von Richard Fischer exklusiv für Katharine Pooley hergestellt.

SAND, GRAU & ELFENBEIN
Die breit gestreiften Kissen in hellem Grau und Rohweiß mit dem feinen, elfenbeinfarbenen Streifen geben dem hellen Sofa in diesem Wohnzimmer eine moderne Note: lässig und bequem, dabei aber zweckmäßig und chic. Der dunkle Lacktisch hebt sich von dem rauen Sisalteppich deutlich ab. Die rohweiße Decke über der Armlehne ist ebenso praktisch wie dekorativ.

GRAU • Silber Meerschaum Auster Marmor Perle Eiswürfel Nebel Treibholz Aluminium Flanell Seeohr Seehund Zinn Elefant Schatten Sturm Wolke Granit Anthrazit Holzkohle Schiefer Ebenholz Grisaille Mondschein Basalt Silberfuchs Maus Zement Taube Nashorn Zink Wolf Stahl Gewitterwolke Rauch Zwielicht Kaninchen Nerz Wildwasser Anker Kaschmir Lupe Delfin Regen Atlantik Esel Kiesel

Grau in allen Schattierungen, vom hellsten, weichsten Kaschmir- und Silbergrau bis zum dunkel-stimmungsvollen Schiefer und Ebenholz, hat lange gebraucht, um sich als Wohnfarbe durchzusetzen. Früher galt es als kühl und spröde, und es hieß, es sei mit Vorsicht einzusetzen, doch neuerdings etabliert sich Grau mit all seinen Tonwerten als unentbehrliche, perfekte Neutralfarbe für die Wohnung.

Das warme Eselsgrau, das in diesem Wohnzimmer verwendet wurde, hat einen hohen Behaglichkeitsfaktor. Durch Vicente Wolfs feinfühlige Möbelwahl, vor allem den grob behauenen Beistelltisch und die interessante Hand vor dem Fenster, wirkt der Raum bei aller Eleganz extraordinär.

EISWÜRFEL

SLIBER

Dieses elegante Schlafzimmer in hellem Grau ist so schnörkellos und von hoher Qualität wie ein Armani-Anzug. Nancy Braithwaite hat es ausschließlich in sanften Grautönen eingerichtet. Gemustert – allerdings auch Ton in Ton – sind lediglich Kissen und Bettdecke. Schlichte Faltrollos unter den schweren, langen Vorhängen vermitteln ein Gefühl von zurückhaltendem Luxus. Hier stimmt wirklich alles.

MARMOR

AUSTER

SILBER BIS NEBEL

PERLE

MEERSCHAUM

NEBEL

Die hellen, silbrigen Grautöne bieten sich für sachliche, elegante Räume in typischen Stadtwohnungen an. Es sind edle, ätherische Farben, die sich gut mit Silber vertragen – sei es durch Accessoires oder auch durch Anstriche, Tapeten oder Stoffe. Sobald sich ein Hauch Beige einschleicht, wirkt das Grau wärmer. Diese Kombination eignet sich für moderne Räume genauso gut wie für klassisch eingerichtete.

ANNIE
LEIBOVITZ
WOMEN
SUSAN
SONTAG

Strahlendes Grau

DIE HELLEN GRAUTÖNE scheinen im Licht zu schimmern und zu leuchten – vor allem in Kombination mit reflektierenden Oberflächen wie Silber, Spiegel und Glas. Silber wird immer öfter als glamouröse Dekorationsfarbe eingesetzt, um sanfte Farben zu beleben und dunklere hervorzuheben. Früher musste man Accessoires mühsam mit Blattsilber verzieren, heute hat man es mit modernen Metallicfarben leichter und preiswerter. Silber glänzt in modernen wie traditionellen Wohnungen, wenn auch auf ganz unterschiedliche Weise.

Sehr ansprechend und behaglich ist der gustavianische Wohnstil, der in Amerika und Europa immer mehr Anhänger findet. Die hellgrau gestrichenen, verwittert aussehenden Möbel sind in Schweden ebenso zu Hause wie in der Provence. Ihr Stil variiert von Land zu Land und von Designer zu Designer, doch immer wirken sie stimmig – in modernen Stadtwohnungen ebenso wie im ländlichen Ambiente.

Diese scheinbar verblichenen, grau gestrichenen Möbel sind erstaunlich elegant und neutral, darum fügen sie sich in fast jeden Raum der Wohnung ein.

Wenn solche verwaschen-grauen Möbel die Basis bilden, bieten sich zahllose Dekorationsmöglichkeiten an. Fast alle Stilrichtungen sind denkbar: von der

LINKE SEITE Der dekorative Spiegel, die Stuckleiste und der Kamin sind mit Blattsilber verziert. Michael Coorengel und Jean-Pierre Calvagrac haben dazu einen Kristallkronleuchter aus dem 19. Jahrhundert, ein riesiges Kuhfell, ein Paar »Wassili«-Sessel von Marcel Breuer aus dem Jahr 1927, einen Plexiglastisch mit Granitplatte und aus 1970er-Jahren und eine verspiegelte Kugel vom Flohmarkt kombiniert.

OBEN Klassisch skandinavisch wirkt die Kombination aus Weiß und Grau. Die Anordnung des Geschirrs und die Position des Sofas weisen eine angenehme Symmetrie auf.

LINKS Ein gelungenes Ensemble bilden der große Silberspiegel, der Stahltisch und die Glasleuchte.

zarten Ton-in-Ton-Gestaltung bis zu leuchtenden Akzenten oder »vielschichtigen« Stoffspielereien, beispielsweise mit weißem Leinen im Schlafzimmer. Hellgrau verträgt sich auch gut mit provençalischen Druckstoffen in Indigoblau oder Akzenten in knalligem Pink. Sie haben die Wahl, denn Sie können fast nichts falsch machen.

Perlgrau strahlt eher eine klassische Eleganz aus. Es ist zurückhaltend, aber effektvoll, und muss mit Feingefühl eingesetzt werden, damit es optimal zur Geltung kommt. Für die Wände ist reines Grau ein bisschen zu kühl und sollte mit einem Hauch Beige »erwärmt« werden – die Dosierung verlangt allerdings ein gutes Farbempfinden. Hier kann es sich auszahlen, einen Fachmann hinzuzuziehen, denn der Unterschied zwischen der richtigen und der falschen Farbe kann für sich genommen winzig sein und doch enorme Wirkung haben. Streichen Sie eine große Musterfläche, und begutachten Sie sie bei verschiedenen

OBEN Drei quadratische Zinkvasen von Christian Tortu bereichern dieses elegante Wohnzimmer in vielen fein abgestimmten Grautönen um eine weitere interessante Nuance und Textur.

LINKS Die verputzen Wände in diesem von Frank Faulkner gestalteten Wohnzimmer sind ungestrichen. Lose Bezüge in Rohweiß vereinen verschiedene Stühlen vom Trödler zu einer harmonischen Gruppe.

RECHTS Das edle Wohnzimmer mit Sitzplatz wurde von Sonja und John Caproni in ruhigem Hellgrau und Creme eingerichtet. Die dunkleren Töne des Sofas und des großen Polsterbetts sorgen für einen dunkleren Akzent. Als Tischfuß dient eine eindrucksvolle Quaste aus Stein.

Lichtverhältnissen. Ist die Farbe gelungen, wirkt sie warm und sehr neutral. Vorhänge in einem etwas dunkleren Ton geben dem Raum Tiefe. Perlgrau ist eine sanfte Abendfarbe und eignet sich besonders für Akzente oder auch größere Elemente.

Mein cremefarbenes Schlafzimmer in London hat fast zufällig eine Tendenz zum Grau bekommen. Es fing mit einem venezianischen Himmelbett mit einem abgewetzten Anstrich und Resten von Blattgold an. Dann kamen hellgraue Monogramme auf der Bettwäsche dazu. Das sanfte Grau vermittelt kühle Eleganz, ohne den Cremetönen die Wärme zu nehmen.

LINKS Das sympathische Eselsgrau verleiht diesem gemütlichen Schlafzimmer viel Wärme. Als Farbakzente dienen nur die schneeweiße Bettwäsche und die getrockneten Hortensien in einem reizvollen Ingwerton. Vicente Wolfs Handschrift ist klar zu erkennen: einfache Leinenrollos, schlichte, bodenlange Seidenvorhänge und extrabequeme Betten mit gepolsterten Kopf- und Fußteilen.

OBEN Die Wände dieser sparsam und elegant eingerichteten Pariser Wohnung sind in einem hellen Grau gestrichen, das Ton in Ton mit dem Teppich harmoniert. Perlgraue Vorhänge sind an den Fenstern drapiert, auf den cremefarbenen Sesseln liegen graue Kissen.

RECHTS UND UNTEN
Im angesagten G-Hotel im irischen Galway hat Philip Treacy, der ansonsten für seine schrillen Hüte bekannt ist, den hohen Grand Salon in kühlem Silbergrau gestaltet. Er bildet das Gegenstück zu dem Salon in knalligem Pink (siehe Seite 124). Durch die silbernen Gestelle und Bezüge der französischen Sessel, den weißen Teppich und die eisgrauen Wände wirkt der Raum wie ein Eiskristallpalast. Die Plexiglastische sind mit tausenden von Swarovski-Kristallen gefüllt, die im Licht funkeln. Auch die Metallspiegel von David Gill und die Traube aus Tom Dixons Spiegelkugeln sind stimmige Hingucker.

ACCESSOIRES ZU GRAU TOPP TIPS

- Druckstoffe in Farben, die wie verblichen aussehen, passen sehr gut in Räume mit Grautönen. Viele Muster wie Toiles und Blumen werden von verschiedenen Herstellern angeboten, darunter Bennison Fabrics, Cabbages & Roses und Chelsea Textiles.
- Silberfarbene Möbelgestelle, Bilder- oder Spiegelrahmen geben einem Raum Profil. Reizvoll sind auch Wandbespannungen in Silber und einer weiteren Farbe.
- Antike Silberleuchter sind ein traditionelles Accessoire, das jeden gedeckten Tisch aufwertet. Heute gibt es preiswertere, aber ebenso attraktive versilberte Leuchter, Vasen und Schalen in vielen Formen und Größen. Alle eignen sich gut, um Räume in Grau auf kreative Weise zu veredeln.

SILBER BIS NEBEL FARBMUSTER

Die beste Basis für eine Gestaltung in diesen blasen Grautönen ist ein heller Holzboden, auf den alle anderen Elemente abgestimmt sein sollten. Die ideale Wahl ist gebleichtes Holz (3), rohweißer Sandstein (10) oder, wenn Sie es wärmer mögen, ein feiner, naturfarbener Wollteppich (4). Die Stoffe sollten leicht und feminin sein, um zu der ätherischen Ausstrahlung dieser Farbtöne zu passen: glänzende Seide (1) und silbriger Samt (5), die das Licht reflektieren, eignen sich ebenso wie ruhige Ton-in-Ton-Muster (2, 8 und 14) oder zarte Stickereien (12) für Fensterdekorationen und Polsterbezüge. Gefältelte Seide (9) ist eine gute Wahl für große Kissen oder schlichte Faltrollos, während transparenter Seidenvoile mit kleinen Glitzersteinen oder Spiegelpailletten (6 und 7) sich für attraktive Dekokissen, Vorhänge oder schillernde Decken anbietet. Weicher Wollfilz (11) sorgt für gemütliche Wärme und Tapete mit künstlicher Narbenlederoberfläche (13) verleiht den Wänden eine edle Struktur.

SEEHUND

ABALONE

GEBÜRSTETES ALU

Die Stirnwand dieses von Luigi Esposito gestalteten und von Katharine Pooley ausgestatteten Schlafzimmers ist mit Samt bespannt. Für den Bezug von Bett und Ottomane wurde Alcantara (Wildlederimitat) verwendet. Die Felldecke auf dem Bett vermittelt luxuriöse Wärme, während die Kissen, die Decke und die Blumen in leuchtendem Orange in diesem aufregenden Raum genau die richtigen Akzente setzen.

TREIBHOLZ BIS ELEFANT

TREIBHOLZ

ZINN

GRAUER FLANELL

ELEFANT

Im mittleren Graubereich sind die kühl-eleganten Töne von Flanell und Zinn angesiedelt, aber auch die wärmeren, weicheren Nuancen, die zu Kaffee und Mokka tendieren. Esel, Maus und Elefant liefern Grautöne mit einer bräunlichen Note, die sanft und schmeichelhaft, dabei aber weniger sachlich und streng wirken. In diesem Segment des Grauspektrums wirken sogar die Kombinationen von hellen und dunklen Tönen subtil und ruhig.

RECHTS Durch einen unkonventionellen grünen Raumteiler aus farbiger Folie zwischen zwei Glasplatten schaut man in dieser Pariser Wohnung (siehe auch S. 70–71) auf den grauen Essbereich mit Möbeln aus Metall, Glas und Leder.

UNTEN RECHTS Sessel von Ralph Lauren mit einem Gestell aus poliertem Nickel sind mit Hahnentritt bezogen: eine witzige, zeitgemäße Interpretation des 1930er-Jahre-Chics. Der kohlengraue Teppich mit schwarzer Ledereinfassung besticht durch seine interessante Textur, während weiße Voilevorhänge durch ihre Leichtigkeit für einen Kontrast sorgen.

RECHTE SEITE Das schwarze Lederbett von Luigi Esposito mit schwarz-weißer Bettwäsche steht vor einer Wand mit einer Bespannung aus Wildlederimitat. Der Ledersessel und der Rosenholztisch geben dem Raum Gewicht. Das Sitzmöbel ist mit Anzugstoff

Die wärmere Grauzone

DIE MITTLEREN GRAUTÖNE wirken wärmer als die silbrigen Nuancen und die atmosphärischen, eher maskulinen Schiefer- und Granittöne. Die Farben von Treibholz bis Elefant haben einen gewissen Anteil von Beige oder Taupe, der ihren Tonwert und ihre Farbtemperatur beeinflusst. Aus diesem Grund vertragen sich diese Grautöne so gut mit warmen Erdfarben wie Schildpatt- und Pilztönen und allen Schattierungen von Braun. Solche Farben empfehlen sich für Schlafzimmer, weil sie einerseits edel und andererseits sehr gemütlich wirken. Mit ihrem Unterton von Taupe bieten sie sich besonders für luxuriöse, taktile Texturen wie Webpelz, Kaschmir, Seide und Wildleder an.

Wie eng Mode und Wohndesign heute verzahnt sind, zeigt sich auch daran, dass in den letzten Jahren immer mehr Designer aus der Modeszene auch die Wohnbranche erobert haben und eigene Möbel- oder Accessoire-Serien auf den Markt bringen. Grauer Flanell, der seit jeher als Inbegriff klassisch-eleganter, zurückhaltender Eleganz für Männer- und Frauenmode gilt, ist ein gutes Beispiel. Der weiche, hell- bis mittelgraue Stoff hat sich vom Businessmode-Klassiker zum Lifestyle-Favoriten des frühen 21. Jahrhunderts gemausert.

Die Farben von Flanell und Zinn stehen für Understatement im Stil Ralph Laurens – in der Mode wie in der Wohnung. Besonders gut gefällt mir, dass man die Farben in der Raumgestaltung ebenso kombinieren und mit Accessoires variieren kann wie in der Kleidung, und dass dabei immer neue, erstaunliche und interessante Effekte entstehen.

Mit den Anzugstoffen, die Firmen wie Ralph Lauren, Andrew Martin und Kelly Hoppen im Wohndesign etabliert haben, hat sich auch eine neue, maskuline Eleganz entwickelt. Die kräftigeren Mittelgrautöne werden mit weichem, schwarzem Leder und Edelstahl, Chrom oder Silber kombiniert, um ein modernes unprätenziöses Ambiente zu schaffen. Diese Stoffe mit Nadelstreifen, Hahnentritt- oder Glencheckmuster scheinen direkt aus der Wall Street zu kommen, und schon ihre Namen vermitteln etwas von ihrem schnörkellosen, sachlichen, geschäftsmäßigen Charakter. Ich persönlich bevorzuge allerdings die

OBEN LINKS Ein neutrales, ruhiges Zimmer im G Hotel mit einem extrabreiten, gepolsterten Kopfteil am Bett. Wände, Bett, Sofa und Vorhänge sind in sanften Grautönen gehalten. Nur der gelbe Hut auf dem Bild, das Kissen in Weiß und Orange und der gemusterte Hocker bringen Farbe ins Spiel.

LINKS Das klassische Esszimmer ist in dem Farbton »Sung Grey Mauve« von Ressource gestrichen, Holzdetails sind in Weiß abgesetzt. Diese Wandgestaltung bildet mit dem alten Holzboden einen neutralen Hintergrund für die Mischung aus modernen und antiken Möbeln, vor allem für die grafischen Arts-and- Crafts-Stühle von Charles Rennie Macintosh.

RECHTS Der Wohnbereich in Gérard Faivres Pariser Wohnung ist in drei Grautönen gestrichen, unter denen »Gris« von Farrow & Ball die Hauptrolle spielt. Durch das große Oberlicht wirkt der Raum hell und weit. Der bordeauxrote Teppich sorgt für Wärme, und viele interessante Objekte geben dem Raum Leben. Dazu passen die schlicht-eleganten Möbel in Stahl und Weiß.

TREIBHOLZ
BIS ELEFANT

RECHTS So edel kann ein Schlafzimmer in Grau aussehen: mit Safari-Farben aus der Ralph-Lauren-Kollektion und einer mit Samt abgefütterten Tagesdecke mit Zebradruck. Das Ensemble wirkt lebendig, gerade weil die Elemente nicht allzu exakt abgestimmt sind. Im Sommer kann man die Atmosphäre im Nu verändern, indem man hellere Betttextilien wählt.

LASST BLUMEN **SPRECHEN**

- Den Dekorationswert von Blumen sollte man nicht unterschätzen, zumal man sie jederzeit ohne viel Aufwand und mit relativ geringen Kosten auswechseln kann. Ein Raum in Grau wirkt mit weißen Rosen ganz anders als mit leuchtend pinkfarbenen Pfingstrosen ersetzt.
- Vanessa Nahas, Besitzerin des Londoner »Ma Maison«, empfiehlt für einen Raum in Elefantengrau eine große Schale mit Blumen als einfachen und erschwinglichen Akzent. Im Winter bevorzugt sie kräftiges Orange, im Sommer Weiß oder zartes Grün. Dazu passen blauweiße chinesische Keramikgefäße.

wärmeren Unisex-Töne von Treibholz, Esel, Maus und Elefant, weil sie vielseitiger und zeitgemäßer sind. Sie eignen sich für Räume mit maskulinem Charakter, aber auch zum Gestalten eines ruhigen Refugiums, in das man sich nach einem Arbeitstag in der City zurückziehen kann.

Weil Grau wirklich neutral ist, verträgt es sich mit allen nur denkbaren Akzentfarben. Und wer grau langweilig findet und sich wundert, dass es neuerdings in Europas großen Wohnzeitschriften allenthalben auftaucht, sollte es einmal mit Akzenten in Flaschengrün oder Gelb begutachten. Da wirkt es plötzlich warm und sonnig, aber auf eine neue, ungewöhnliche Weise und mit einer gehörigen Portion Designer-Chic.

Ein Esszimmer in diesen Farben, vielleicht dekoriert mit schwarz gerahmten Fotos oder Kohlezeichnungen, dazu einen der neuen Seidenstreifen in Grau, Schwarz und Zitronengelb – Wow!

TREIBHOLZ BIS ELEFANT FARBMUSTER

Die mittelgraue Farbgruppe definiert einen strengen, sachlichen und recht maskulinen Stil, wenn man Anzugstoffe und Leder sowie andere Texturen in verschiedenen Mittelgrautönen verwendet. Für den Fußboden eignet sich einfacher Stein (5), grauer Wollteppich (10) oder Sisal (3 und 12). Sisal ist heute in erstaunlich vielen Farben und Mustern erhältlich und er hat eine wunderbar lebendige Textur. Eine Kombination aus vier verschiedenen Anzugstoffen (1, 2, 6 und 14) könnte für Vorhänge, Möbelbezüge und Kissen verwendet werden. Mir gefällt der Haferflockenton mit einem feinen schiefergrauen Streifen (17), der die dunklen Töne auffrischt, ohne ihnen die Schau zu stehlen. Sparsam eingesetzt könnten der Ton in Ton gemusterte Paisley (18) oder der Kuhfelldruck (9) eine ähnliche Wirkung haben. Neben weichem Wollfilz (11), Samt (13) und edel schimmernder Seide (7) gibt es auch neue, zarte Gardinenstoffe (15 und 16), die etwas Glamour beisteuern. Sie sind längst nicht mehr nur in bravem und etwas langweiligem Weiß und Creme erhältlich und wirken gerade in dunklen Farben erstaunlich gut. Das strukturierte, schwarze Kunstledergeflecht (8) unterstreicht den maskulinen Charakter, während echtes Leder (4) sich für Akzente ebenso gut eignet wie das Glencheck-Karo mit dem roten Streifen (14).

The Hollywood Storyteller

Schwarze Samtwände sind ein theatralischer Hintergrund für die Kohle- und Mittelgrautöne in Luigi Esposito Penthouse-Wohnzimmer. Das Gemälde zeigt, wo es lang geht. Auf dem Sofa mit holzkohlegrauem Bezug aus Wildlederimitat sehen die Kissen und Decken aus Leinen mit Fadenkaro sehr edel aus. Elegante Leuchten und Spiegel sowie Accessoires aus Silber und Glas bringen Glanz in diesen dunklen, aber durchaus behaglichen Raum.

SCHATTEN

ANTHRAZIT

EBENHOLZ

SCHIEFER

SCHATTEN BIS EBENHOLZ

HOLZKOHLE

GEWITTERWOLKE

Nicht nur die hellen, verwitterten Schattierungen vieler Farben sind perfekte Neutraltöne, sondern auch die dunklen Nuancen. Je tiefer und intensiver eine Farbe wird, desto neutraler wirkt sie. Tiefdunkle Grautöne sind ultra-chic und geben gerade in hellen, modernen Stadtwohnungen einen großartigen Hintergrund ab. Solche Farben eignen sich für Wände, Polstermöbel und Fensterdekorationen.

GRANIT

Schattendasein

DUNKLE GRAUTÖNE von Anthrazit über Schiefer bis zum dunkelsten Ebenholz wirken in Wohnräumen unerwartet glamourös. Es sind zwar nicht Farben erster Wahl für Wohnräume, in denen es doch darum geht, das Tageslicht zu verstärken und Größe zu vermitteln; da verwendet man besser helle, unaufdringliche Farben und reflektierende Oberflächen. Dennoch können gesättigte Grautöne überraschend dekorativ sein.

Traditionell ist Grau eine Farbe für Fußböden und Arbeitsflächen – etwa Schieferplatten im Bad oder Granitarbeitsflächen in der Küche – oder Bauelemente wie Kamine. Neuerdings macht sich Grau in allen Schattierungen aber auch auf Wänden, Möbeln und anderen Oberflächen und Accessoires breit. Der Trend geht zu stimmungsvollen, glamourösen Wohn- und Schlafzimmern, und auch für Arbeitsflächen und

Spritzschilde setzen sich wärmere, sinnlichere Materialien durch. Der beliebte Granit mag chic aussehen, doch ihm fehlt die Wärme.

Satte, dunkle Grautöne wie Anthrazit sind ungemein kombinationsfreundliche Neutralfarben, die ich vor allem im Winter behaglich finde. Allerdings passen Creme- und Kieseltöne besser zu ihnen als reines Weiß, das recht kühl aussehen kann. Dunkle Grautöne kommen besonders gut auf weichen Wollstoffen zur Geltung, aber auch auf den hochwertigen neuen, hauchdünnen Synthetikmaterialien mit edlem Glanz. Und wieder einmal sind Karos, Muster und mehrschichtige Stoffkombinationen eine gute Wahl.

Für Wände empfiehlt sich ein dunkler Flanellton. Denkbar wäre ein Anstrich in einer kräftigen, matten Farbe wie »Coopers Creek« von Francesca's Paints, aber auch eine Bespannung mit echtem Flanell oder einem ähnlichen Stoff, dessen Ränder mit Polsternägeln aus mattem Messing an der Wand befestigt

LINKE SEITE In einer eleganten Wohnung in London hat Luigi Esposito die Wände mit anthrazitfarbener Wolle bespannt und mit monochromen modernen Zeichnungen in silbernen Rahmen dekoriert. Auf der Chaiselongue mit schwarzem Twillbezug liegt eine ebenfalls schwarze Decke. Als Teppich dient ein schwarzes Ponyfell – absolut neutral, aber sehr elegant.

MITTE In Londons angesagtem Soho Hotel hat Kit Kemp drei Stoffe mit verschiedenen Mustern gekonnt kombiniert: für Sessel und Kissen einen klassischen Streifen in Creme-Grau, für das Innere des Baldachins einen dunkleren Streifen im Matratzenstil und für den Baldachin selbst einen Toile in Creme und Dunkelgrau. Zu all dem bilden die schneeweiße Bettwäsche und die französische Steppdecke einen frischen Kontrast. So kann eine monochrome, neutrale Farbgestaltung aussehen, die dennoch edel und abwechslungsreich wirkt.

UNTEN In diesem von Coorengel und Calvagrac gestalteten Raum wirken die Farben und Texturen der Möbel – vor allem das französische Mahagonibett – vor dem schwarzen Hintergrund warm und prächtig.

SCHATTEN BIS EBENHOLZ

RECHTS Der Sitzbereich in der New Yorker Wohnung von James Gager und Richard Ferretti wurde mit Unterstützung von Stephen Roberts gestaltet. Für visuelle Abwechslung sorgen die Holzscheite im Kamin und der Muranoglas-Kronleuchter aus den 1930er-Jahren, der einen hellen Akzent setzt.

UNTEN RECHTS Auch vor einem weißen oder hellgrauen Hintergrund können dunkelgraue Möbel und Accessoires sehr stimmungsvoll wirken, wie dieses Herrenschlafzimmer zeigt.

RECHTE SEITE Moderne Versionen antiker Kronleuchter sind heute in vielen Farben zu haben, etwa in Schwarz, Weiß, Rot oder Silber. Dieses Modell von Baccarat hängt über einem Tisch mit einem schwarzen Unterbau von Saarinen und einer Natursteinplatte aus Belgien. Auch in den Stühlen von Roland Ranier aus dem Jahr 1951 taucht der Ebenholzton auf.

werden. Solche Wände haben die gediegene Ausstrahlung einer alten, englischen Bibliothek. Wer dunkle Wände zu bedrückend findet, könnte auch ein helleres Grau mit einem warmen Beigestich verwenden, etwa »Pearl Ashes« von Fired Earth oder »Palladian 14« aus der Crown RIBA Drawings Collection. Die dunkleren Töne könnten dann über Polstermöbel, Bettwäsche, Stühle oder Leuchten beigesteuert werden.

Dass Schwarz neutral ist, weiß jeder. Nicht umsonst ist das »Kleine Schwarze« ein beliebtes Universalkleidungsstück, das sich mit Accessoires in allen Regenbogenfarben verträgt. Das Gleiche gilt für Schwarz als Wohnfarbe, wenn man sie gekonnt einsetzt.

Interessant ist Schwarz beispielsweise in einem konsequent sachlichen Stil mit Anzugstoffen wie Hahnen-

SCHATTEN
BIS
EBENHOLZ

GRAU ZEIGT WIRKUNG

- Soll ein Raum warm wirken, wählen Sie eine »angeschmutzte« Wandfarbe mit einer Tendenz zu Taupe. Die Regel beim Mischen heißt: Zu viel Grau wirkt kühl und nüchtern, zu viel Beige nimmt dem Grau seine Eleganz. Ideal sind reine Pigment- oder Kalkfarben in »antiken« Tönen, etwa »Éléphant« oder »Borde de Seine« von Flamant.
- Wollstoffe, Paisley-Decken und strukturierte Tapeten oder Wandbespannungen vermitteln Wärme und Behaglichkeit.
- Wer es maskulin mag, liegt mit Anzugstoffen, Leder und Chrom richtig.
- Akzente setzen Grau erst richtig in Szene. Chinesisches Lackrot ist sehr effektvoll, etwa auf Kissen und Decken, aber auch für Accessoires, beispielsweise aus Koralle. Zebramuster passen ebenfalls gut in dieses Ambiente.

tritt, Glencheck und Fadenkaro. Solche Stoffe sind edel, dabei aber neutral und obendrein praktisch und strapazierfähig.

Heute werden mehr einfarbige und gemusterte Stoffe angeboten als je zuvor. Leder und Wildleder, Webpelz und Velours eignen sich als Basis für eine dunkle Raumgestaltung und lassen sich gut mit Karos, Paisleys und anderen Mustern aus der gleichen Farbpalette kombinieren. Nimmt man noch Rohweiß oder Taupe hinzu, eignet sich fast jede andere Farbe als Akzent. Ledermöbel sehen großartig aus – vor allem alte Stücke mit einer schönen Patina. Mit lackierten Möbel im barocken Stil oder schwarzen Kronleuchtern lässt sich Schwarz auf witzige und moderne Weise in die Gestaltung einbringen.

Wer es lieber feminin mag, kann die Grautöne mit sanfteren Farben kombinieren. Angenehm warm wirken hellere Nuancen von Grau, zu denen Kaschmir und herrlich weicher Alpaka in Silber oder Perlgrau gut passen. Sie könnten auch einen Toile oder Streifen in Grau und Creme probieren. Solche Stoffe geben dem Raum eine weiche Note, ohne dass der Chic verloren ginge.

OBEN In diesem klaren, ausgewogenen und recht strengen Raum mit den attraktiven schwarzen Möbeln setzt der ungewöhnliche Kronleuchter von Tommy Parzinger einen modernen Kontrapunkt. Designer Larry Laslo meint, er sehe aus »wie ein Raumschiff kurz vor der Landung«. Oft genügt solch ein auffälliges Einzelstück, um einen ganzen Raum zu prägen.

LINKS Bernie de le Cuona gestaltet ihr Esszimmer regelmäßig um, indem sie die Textilien auswechselt (siehe auch Seite 150). Der Stickerei-Tischläufer und die Servietten mit Hahnentrittmuster sehen vor allem im Winter schön aus.

Für den Vorhang in meinem Gästezimmer habe ich dunkelgrauen Flanell mit einem weißen Schachbrettmuster kombiniert und auf einer Seite mit Kristallperlen besetzt – wirklich hübsch.

SCHATTEN BIS EBENHOLZ FARBMUSTER

Für dieses unmissverständlich maskuline Farbspektrum habe ich bewusst auch maskuline Stoffe gewählt: schwarzes Leder (10), Anzugstoff in Hahnentrittmuster (1) und mit feinem Nadelstreifen (7), edlen Kaschmir in Grau (4) und Schwarz (5), dazu groben Tweed (2) und zwei Streifen in Sand und Ebenholz (14 und 16). Wie immer sorgt erst die Mischung von Farbtönen, Texturen und Stoffgewichten für einen interessanten Look, während Ton-in-Ton-Muster (13) diskret Abwechslung schaffen. Gardinen oder Rollos aus feinem, weißem Leinen (6) können solo verwendet oder mit einem anderen Stoff kombiniert werden. Für den Fußboden empfiehlt sich dunkles Holz (9), ein warm elefantengrauer Teppich (12) oder ein körniger Naturfaserbodenbelag (8). Ein Ponyfell als Läufer (11) steuert einen unterschwellig glamourösen, modernen Touch bei. Rot und Pink als Unis oder in gemusterten Stoffen (3, 15 and 17) sind fantastische Akzentfarben, die dieser dramatische Palette eine etwas femininere Note geben, aber unbedingt sparsam eingesetzt werden sollten.

Akzente zu Grau

ESEL & ORANGE

Damit Grau nicht langweilig und trist wirkt, braucht es die richtigen Akzentfarben. Ein kleiner Knalleffekt wie das Kissen in bräunlichem Orange, das sich in den Schreibtischaccessoires und den Blumen wiederholt, reicht aus, um dem Raum das Unterkühlte zu nehmen. Kombiniert man ein mittleres Graubraun mit solchen Akzenten, gibt es dem Raum ein warmes Leuchten, das hier durch den Farbton des Wengé-Tisches verstärkt wird. Diese edle Kombination passt besser in die Stadt als aufs Land.

NEBELGRAU & GRASGRÜN

Dies ist eine sehr ungewöhnliche Akzentfarbe für einen grauen Raum – und wahrscheinlich die aufregendste und dabei schlichteste Treppe, die ich je gesehen habe. Die Treppe besteht aus Stahl, die farbigen Paneele aus Glasplatten mit einer grünen Einlage. Dieses freche Grün ist wahrscheinlich die spektakulärste Akzentfarbe des Jahrzehnts. Sie passt zu jedem neutralen Spektrum, muss aber mit Bedacht eingesetzt werden. Gérard Faivre hat sich auf die Treppe und zwei Vasen beschränkt – mehr wäre auch zu viel.

ALLE GRAUTÖNE kann man mit mutigen Akzentfarben kombinieren. Grau lechzt geradezu nach Farbtupfern – und hier kann man sich ungehemmt austoben und doch des Erfolges sicher sein. Bedenken Sie aber, dass dem edlen, eleganten Grau Akzente in kräftigen Tönen am besten stehen.

Einige der Farben, die ich Grau besonders gern zur Seite stelle, sind gegenüber zu sehen. Bräunliches Orange, Blutrot und natürlich Schwarz und Silber sind ideale Partner für alle Grautöne, während chinesisches Lackrot vor allem zu dunklerem Grau passt. Grasgrün ist gewagt, kann aber einen Raum in Hellgrau aufpeppen und wirkt wie Türkis, Alpenveilchen und Fuchsie jung und modern. Helles Grau verträgt sich auch mit den sanfteren Farben von Erika und Mais gut.

ANTHRAZIT & LACKROT

Chinesisches Lackrot ist ein perfekter Akzent zu fast allen Neutralfarben. Besonders gut wirkt es aber neben dunklem Anthrazitgrau, wie dieser von James Gager, Richard Ferretti und Stephen Roberts gestaltete Raum zeigt. Die rot glänzenden Vasen von Georges Jouve heben sich markant von dem grauen Kaminsims ab, im Läufer wiederholt sich die Farbe. Die französische Acrylleuchte aus den 1970er-Jahren und das Sofa aus Acryl und schwarzem Leder zeigen, dass transparentes Plexiglas ebenso wie Silber großartig zu dunklem Grau passt.

DOMINICK DUNNE THE WAY WE LIVED THEN

GRÜN • Celadon Sellerie Daiquiri Limette Minzgranita Fenchel Pistazie Chicoree Erbsensuppe Birne Guacamole Blatt Jade Grüner Tee Thymian Flechte Feige Moos Olive Tabak Chagrin Porree Gurke Pernod Limettensorbet Margarita Stachelbeere Avocado Chicoree Weide Chartreuse Wiese Apfel Verdigris Rosmarin Eukalyptus Artischocke Gras Bergsee Farn Khaki Obstgarten Rahmspinat Smaragd Wald Crème de Menthe

Betrachtet man das Grünspektrum vom hellen, weißlichen Ton der Stangensellerie über das Frühlingsgrün junger Blätter bis zum bräunlichen Ton von Tabak, wird klar, dass Grün mit allen anderen Farben gut harmoniert. Man muss nur in den privaten oder einen botanischen Garten gehen, um zahllose Grüntöne in Eintracht mit einer Fülle von Blüten in allen Regenbogenfarben zu sehen.

Für dieses Schlafzimmer hat Jamie Drake Shantung-Vorhänge in einem gedeckten Gelbgrün und für den Bezug des Kopfteils eine dunklere Rohseide gewählt. Das Kuhfell korrespondiert mit den warmen Tönen des Schränkchens und dem walnussbraunen Boden. Kissen aus smaragdgrünem Samt und apfelgrüner Seide liefern die nötige Frische.

Für die Polsterbezüge in diesem freundlichen Wohnzimmer hat Vicente Wolf Stoffe von Dorset Grey verwendet. Der klare Celadonton herrscht in dem lichtdurchfluteten Raum vor, nur die losen Kissen sind mit handgewebten, indischen Baumwollstoffen in den Farben alter Jade und hellen Basilikums bezogen. Die Sammlung alter Schaufeln auf dem Regal im Hintergrund passt exzellent zu dieser Farbkombination.

MINZGRANITA

CELADON

LIMETTE

FENCHEL

DAIQUIRI

CELADON BIS PISTAZIE

PISTAZIE

Nicht alles allerdings, was in der Natur gut aussieht, ist auch für die Wohnung geeignet. Einige Grüntöne sehen bei manchen Lichtverhältnissen unangenehm aus. Besonders leicht lässt es sich mit den ruhigen Tönen der Palette von Celadon bis Pistazie arbeiten. Mit ihnen kann man fast nichts falsch machen, weil sie zu jedem Einrichtungsstil und in jede Umgebung passen. Weil sie so beruhigend sind, nenne ich sie »Zen«-Grün.

SELLERIE

GANZ OBEN UND OBEN Durch den Antikeffekt des Anstrichs wirkt dieses gemütliche Schlafzimmer wie ehrwürdig gealtert. Baldachin, Bettvorhänge, Kissen und Bettdecke stammen aus dem 18. Jahrhundert und sind von Hand mit kleinen Blumen bestickt. Für das Futter des Baldachins und die Bespannung des Kopfteils wurde hellgrüne Seide verwendet. Ich mag Kleiderschränke mit Drahtgitter-Einsätzen und einer weich gefältelten Stoffbespannung, die hier ebenfalls ein Streublümchenmuster ziert. Als Akzent dient das Vichykaro in hellem Lavendel.

»Zen«-Grün

DIE HELLSTEN GRÜNTÖNE haben eine ruhige, geradezu spirituelle Ausstrahlung. Sie schaffen Räume, in denen man eine Auszeit von der Anspannung des Alltags nehmen kann – und das sollte eigentlich in jeder Wohnung möglich sein. Diese Farbtöne passen zu allen Einrichtungsstilen und eignen sich für alle Räume der Wohnung, vom entspannenden Wohnzimmer bis zum stillen Schlafzimmer, vom friedlichen Essplatz bis zum Bad.

Interessanterweise liegen diese sanften »Zen«-Grüntöne als Wohnfarben gerade im Trend. Es sind die Farben eines modernen, vielseitigen und wandlungsfähigen Wohnstils, der sich jedem Lebensstil anpassen lässt.

Besonders schön sehen diese hellen Farben aus, wenn man all die vielen Töne von Celadon über Sellerie, Minze, Limette, Fenchel, Pistazie und Daiquiri miteinander kombiniert und durch abwechslungsreiche Texturen noch belebt. Je mehr Fläche Sie in einer Farbe oder Farbgruppe gestalten möchten, desto heller und zarter sollte der Ton allerdings sein.

Streichen Sie zuerst die Wände in einem zurückhaltenden Ton, etwa »Thé Vert« von Flamand oder »Neisha Crosland II Sage« von Francesca's Paints.

Nachdem Auslegeware wieder im Kommen ist, könnte Ihnen vielleicht ein zarter Fenchelton gefallen? Auch abgebeizte und gewachste Dielen oder Natursteinplatten passen wunderbar zu diesem Farbschema.

Für Vorhänge und Rollos empfiehlt sich Leinen in Stonewashed-Qualität zu dünnem Musselin. Der Farbton sollte nur einen Hauch intensiver als die Wandfarbe sein, aber durch seine Textur auffallen. Es gibt herrliche Stoffe mit eingewebten Mustern in zwei, drei oder mehr zarten, abgestimmten Grüntönen.

Ist die perfekte »Zen«-Umgebung geschaffen, können weitere Farben hinzukommen, die Tiefe und

RECHTS Agnès Emery hat die Wände ihres eleganten, celadongrünen Esszimmers mit einer eindrucksvollen Spiegelsammlung behängt. Spiegel lassen Räume immer heller und größer wirken, doch angesichts dieser Fülle fühlt man sich fast wie in einer lichtdurchfluteten Unterwasserwelt.

GANZ LINKS Für die sensible Renovierung dieser Küche hat Innenarchitekt Jason Bell zwei ähnliche Farbtöne gewählt: ein helles Celadongrün für die Schränke und Leisten und einen geringfügig dunkleren für die Wände. Das Ergebnis wirkt lebendig, aber sehr subtil.

LINKS Ming-grüner Granit und grüne Mosaikfliesen vermitteln in diesem Bad kühle Eleganz. Das Waschbecken mit dem polierten Metallgestell stammt aus den 1930er-Jahren.

CELADON BIS PISTAZIE FARBMUSTER

Dieses frische, interessante Farbschema eignet sich gut für emanzipierte Räume. Der Bodenbelag sollte dezent sein, etwa ein feiner Wollteppich in grünlichem Beige (11) oder schlichte, cremefarbene Fliesen (4). Der edle, blassceladongrüne Marmor (6) würde sich als Platte für einen Konsoltisch anbieten. Chagrinfarbene Tapete (7) verleiht den Wänden Struktur, während Stoffe in verschiedenen Dichten, Texturen und eingewebten Mustern (3 und 14) in Lagen im ganzen Raum verwendet werden können. Das dünne, rohweiße Leinen mit dem schmalen Streifen (2) bietet sich für Vorhänge und Rollos an, das haferflockenfarbige Leinen (1) für Polsterbezüge. Der Papierstoff (13) bringt Lindgrün in die Palette ein, während das Fischgratmuster (10) etwas gewagter ist und gut mit dem Seidenkaro (8) harmoniert. Die edle Seide mit dem Blattmuster (12) bietet sich für kleinere Akzente an. Das ungewöhnliche Straußenlederimitat (9) könnte man für Kissen mit hinreißender Textur verwenden. Die gestickte Blume (5) würde sich auf einer Stuhllehne gut machen.

etwas Aufregung beisteuern. Für Polstermöbel habe ich gern zwei Garnituren abnehmbarer Bezüge – eine für den Sommer und eine für den Winter. So lässt sich die Raumatmosphäre schnell und einfach verändern. Wie wäre es mit einem schweren Leinen in einem dunkleren Ton der Wandfarbe für den Sommer und einem dunklen, einfarbigen oder karierten Salbeigrün für den Winter? Eine grün gemusterte Paisley- oder Wolldecke auf der Arm- oder Rückenlehne des Sofas wirkt schön warm und Kissen in verschiedenen Grüntönen lockern das Schema auf.

Besonders gut passen zu einem so ruhigen Raum chinesische Möbel, deren dunkles Holz sich vor dem zarten Grün wunderbar abhebt. Ein oder zwei Akzente in Lackrot sind aufregend, ohne die friedliche, elegante Gesamtwirkung zu stören. Und selbst in einer ganz modernen Einrichtung sollte ein altes Stück nicht fehlen, weil erst der Traditionsbezug den Raum adelt.

JASON BELLS TOP TIPPS

- Geben Sie nicht allen Elementen die gleiche Farbe. Variieren Sie zwischen hellen und dunklen Tönen einer Grundfarbe, und schaffen Sie Abwechslung durch Texturen.
- Meine Lieblingsakzentfarbe im Spektrum Celadon bis Pistazie ist Terrakotta.
- Der Wohnstil muss zu Ihrem Lebensstil passen. Kaufen Sie drei Monate lang eine gute Wohnzeitschrift, und kennzeichnen Sie Seiten, die Ihnen gefallen. Schauen Sie diese Bilder drei Monate später nochmals an, und sehen Sie, was Ihnen wirklich zusagt.

JADE

CHICOREE

Durch die herrliche, sanft graugrüne Chenille, den Jacquelynne Lanham in diesem noblen Esszimmer für Wände und Vorhänge verwendet hat, scheint sowohl tags als auch abends Dämmerlicht zu herrschen. Das große, goldgerahmte Porträt, das Astrolabium und die drei Kristallleuchter auf dem Sideboard strahlen die Grandezza des noblen 18. Jahrhunderts aus.

BLATT

CHICOREE BIS JADE

GUACAMOLE

ERBSENSUPPE

BIRNE

Dies sind die klassischen Grüntöne: neutral, wunderbar anpassungsfähig und dabei kein bisschen farblos. Ob sie ruhig oder aufregend wirken, hängt ganz davon ab, wie man sie einsetzt. Sie eignen sich für prickelnde Farbkontraste oder können Ton in Ton kombiniert werden, um einen ruhigen, eleganten Raum einzurichten. Die frischen Grüntöne vertragen sich mit einem hellen Hintergrund ebenso wie mit Holz und Brauntönen.

SALBEI

Grün wohnen – aber natürlich

VIELLEICHT IST GRÜN wegen der Assoziationen mit der Natur eine so angenehme Wohnfarbe. Gerade in der hektischen, grauen Großstadt können Räume in Grün Geist und Seele erfrischen und helfen, uns zu »erden«. Wer auf dem Land wohnt, schafft durch Räume in Grün einen nahtlosen Übergang zwischen dem Innen- und dem Außenbereich, darum eignet sich Grün so gut für eine ländliche Küche mit rustikalen Möbeln aus naturbelassenem oder gestrichenem Holz.

Ich persönlich mag Grün im Wohn- und Essbereich lieber als im Schlafzimmer oder Bad. Das mag daran liegen, dass ich in einer Zeit aufgewachsen bin, in der farngrüne Bäder der letzte Schrei waren. Noch heute finde ich es unangenehm, früh morgens oder abends ausgerechnet Farngrün sehen zu müssen. Umso mehr habe ich gestaunt, als ein führender Innenarchitekt aus Johannesburg berichtete, er habe bei einer Renovierung mehrere farngrüne Bäder aus einem Haus entfernt, die ihm ein Retro-Fan abgekauft habe. Womöglich kommen farngrüne Bäder wieder in Mode? Bis dahin wende ich mich lieber eleganten Bädern in zarteren, neutralen Grüntönen zu. Meerschaumgrün ist ein beliebter Ton für Oberflächen aus poliertem Stein, gestrichene oder geflieste Wände. Wählt man dazu Handtücher in einem dunkleren Ton und einige in Creme, entsteht eine frische, aber ruhige Atmosphäre.

Fast alle der zahlreichen Grüntöne eignen sich für den Wohnbereich. Für ein elegantes Wohnzimmer könnte man ein zartes Birnengrün wählen, dazu vielleicht dunklere Töne für Polsterbezüge, Vorhänge und Kissen. Kräftigeres Blatt- und Grasgrün wirkt am Frühstücksplatz erfrischend, während Gurkengrün und Creme eine appetitliche Kombination für die Küche sind. Für einen eleganten Essplatz könnte man Jade und Chicoreegrün mit ausgesuchten Accessoires in Kristall und Silber kombinieren.

Damit die kräftigeren Grüntöne nicht zu dominant wirken, sollte man sie nur auf kleineren Elementen wie Kissen, Raffbändern und Quasten an Vorhängen, Borten auf Tischdecken und Servietten, Servierplatten oder Glasvasen vor einem helleren Hintergrund verwenden. Ketten aus grünen und gelblichen Jadeperlen,

LINKE SEITE Ein »angeschmutztes« Birnengrün mit den lavendelfarbenen Akzenten gibt diesem Schlafzimmer Charakter. Die Wände sind in einem helleren Grün gestrichen, während für alle Leisten, Tür- und Fensterrahmen sowie die Rahmen der französischen Drucke der dunklere Ton gewählt wurde.

MITTE Eine originelle Idee ist dieses bequem gepolsterte Betthaupt mit Knopfheftung, das aus einem großen Bilderrahmen gebaut wurde. Zwischen den Säulenprofilen wirkt es auf der sanft grünen Wand sehr elegant.

OBEN Die Grüntöne in diesem Wohnzimmer sehen bei jedem Licht anders aus, sodass sich die Atmosphäre im Tagesverlauf verändert. Der salbeigrüne Sesselbezug stammt von Manuel Canovas. Für den aufrechten Stuhl wurde gurkengrüne Chenille gewählt, für die Sofas ein helles Oliv. Die Fenster haben rohweiße Rollos und blaugrüne Fensterläden.

CHICOREE BIS JADE

RECHTS Das sanfte Mittelgrün der Wände wird durch viel Weiß aufgefrischt: Decke, Leisten, Innenfensterläden, Vorhänge und Sessel sowie einige der Dekorationselemente auf dem Tisch sind milchweiß.

GANZ RECHTS OBEN Jacquelynne Lanham hat die blattgrüne Wand mit hellen Drucken und cremeweißen, antiken Tellern aufgehellt.

RECHTS Die schmale Küche von Coorengel und Calvagrac ist praktisch und sehr attraktiv. Die Schränke sehen durch den schwarzen Anstrich und die schweren Messinggriffe aus wie antik. Dazu wirkt der meergrüne Anstrich – »Chinese Turquoise« von Ressource – sehr edel. Alte Dekostücke und Bilder an den Wänden sowie historische Stiche und Landkarten in den Hängeschranktüren geben der Küche Individualität.

MONA PERLHAGENS TOP TIPPS

Mona Perlhagens, Besitzerin und Creative Director von Chelsea Textiles, verrät, worauf es beim Kombinieren der subtilen »Off«-Farben ankommt.

- Verwenden Sie die »angeschmutzten« Farben als Basis, und reservieren Sie die leuchtenden, lebhaften Farben für Akzente.
- Die Stoffe von Chelsea Textiles sind immer in solchen sanften, eleganten und neutralen Farben gehalten, die wunderbar verblichen aussehen, als seien sie schon Generationen alt. Es gibt jeden Farbton in verschiedenen Mustern und Kombinationen.
- Schlichte Karos und Streifen, breit und schmal, sind in allen Farben erhältlich und können mit anderen Mustern kombiniert werden. Besonders schön sehen sie Ton in Ton als Futter für Vorhänge aus.
- Die sanften Farben passen gut zu schwedischen Möbeln im gustavianischen Stil, zu »verwitterten« weißen Möbeln sowie zu vielen Holztypen wie Mahagoni, Obstbaumholz, Eiche und Kiefer.

die man auf asiatischen Märkten kaufen kann, sehen in Glasschalen dekorativ aus.

Ein Farbschema in diesen Grüntönen lässt sich durch Akzente und Accessoires vielfältig variieren. Wer es dramatisch und nicht ganz so frisch oder ruhig mag, könnte erdige Karamell-, Schokoladen- und Rosttöne oder sanftes Graubraun dazu gesellen. Diese Farben, die Wärme und gemütliche Herbststimmung vermitteln, lassen sich leicht durch Decken und Kissen einbringen. Noch mehr Wärme und Behaglichkeit schaffen Vorhänge aus einem dickeren Stoff.

Wer es lieber sachlich-modern mag, kombiniert die frischen Grüntöne nicht mit warmen Holzfarben, sondern schlägt sich auf die kühle Seite. Die Atmosphäre wirkt völlig anders, wenn man den Raum mit Metall, Glas und Plexiglas, silbrigen Accessoires, Spiegeln und modernen Bildern oder Skulpturen ausstattet. So wirkt die neutrale Grünpalette frisch und chic.

CHICOREE BIS JADE FARBMUSTER

Zu einem Farbschema in mittleren Grüntönen passt als Bodenbelag Holz in einem warmen Honigton (9), feiner Wollteppich in Farngrün (13), kühl-heller Sandstein (7) oder dunkel graugrüner Schiefer (8). Es kommt immer darauf, an, welchen Raum Sie einrichten. Teppich ist im Schlafzimmer behaglich, Steinboden ist praktisch für Bad und Küche. Weiche Webstoffe mit schöner Struktur (5), Chenille (6) oder helles Leinen in Stonewashed-Qualität (1) sind ideal für Polsterbezüge, während Vichykaro (3) als Vorhangfutter frischer aussieht. Das gestickte Motiv (12) ist ein dezentes Muster, das große Blumenmuster (4) wirkt durch die Mischung aus sanften Grün- und Blautönen mit Rosa lebendiger. Der Paisley (11) ist farbig, drängt sich aber nicht in den Vordergrund. Beide Stoffe eignen sich für Kissen, den Paisley könnte man auch für eine Decke verwenden. Für originelle Kissen bieten sich außerdem Leder mit Schlangeneffekt (2) oder strukturierter Wollstrick (10) an.

GRÜNER TEE

FLECHTE

An sahnigen Rahmspinat erinnert der sanfte Ton dieser Farbe namens »Purdie House Gray« aus der Williamsburg Collection. Er passt großartig in das schlichte, ländliche Esszimmer in Pamela Klines holländischem Bauernhaus aus dem 18. Jahrhundert und bildet einen schönen Hintergrund für den Terrakottaboden, die antiken Körbe, den Kronleuchter, den alten Esstisch und die Windsor-Stühle.

FEIGE

GRÜNER TEE BIS TABAK

OLIVE

MOOS

THYMIAN

TABAK

Dies ist keine Farbpalette für Zaghafte. Die Gestaltung in dunklen Grüntönen ist schwierig, doch bei geschicktem Umgang sind die Ergebnisse absolut sehenswert. Dunkles Grün liegt im Trend, darum bieten viele Textilhersteller jetzt diese Farben mit wilden, wunderbaren Mustern und tollen Akzentfarben an. Probieren Sie Wandfarben zu Hause aus, und leihen Sie sich beim Raumausstatter große Stoffmuster, ehe Sie kaufen.

Dunkles, meditatives Grün

GANZ ANDERS ALS DIE HELLEN TÖNE junger Blätter wirken diese atmosphärischen Oliv- und Tabaktöne mit maskulinem Flair, die Assoziationen an ehrwürdige Bibliotheken oder Herrn-Clubs wecken. Stellt man ihnen allerdings Akzente in knalligem Türkis oder Himbeerrosa zur Seite, wirken sie gleich viel jünger.

Tabak ist ein gutes Beispiel für eine der neuen, ungewöhnlichen Neutralfarben. Dieser Ton verleiht gepflegte Eleganz, die zugleich kraftvoll und interessant wirkt. Er liegt auf der Grenze zwischen den Grün- und den Brauntönen und harmoniert darum mit allen Schattierungen aus beiden Paletten. Einige Farbhersteller bieten hinreißende Töne an: »Wild Olive« von Fired Earth oder »Olive« von Flamant sind kraftvoll und dunkel, »Beauvais Green« und »Pastis« von Flamant liegen im mittleren Bereich und »Maurizis's Cord« von Francesca's ist ein hellerer Ton, der sich für Wände anbietet. Stoffe in Tabak bieten F. Schumacher und Brunschwig & Fils an – als Uni, in Musterkombinationen mit Silber, Limettengrün, Türkis und anderen gewagten Farben sowie mit Koralle und Terrakotta in traditionelleren Qualitäten.

Sattes, edles Oliv kommt auf den neuen, verwaschenen Samtstoffen sehr gut heraus. Artischocke ist etwas härter und weniger neutral. Alle Waldgrüntöne vertragen sich miteinander und werden in Dschungelmustern von Boussac und Brunschwig und vielen anderen angeboten. Im Winter sind Mokka und Ingwer schön, während im Sommer tropische Palmenmuster mit Creme und Koralle frisch und lebendig wirken.

OBEN LINKS Der grüne Anstrich mit Antikeffekt ist der perfekte Hintergrund in diesem von David Carter gestalteten Raum. Die chinesischen Schriftzeichen fügen sich in die originelle Möbelsammlung ein, auch die Seidenlampenschirme und der jadegrüne Tisch vermitteln Asien-Flair.

OBEN Larry Laslo hat dieses warme, einladende Gästezimmer in Tabak gestaltet, das durch die blütenweiße Bettwäsche mit den roten Webbordüren gar nicht finster wirkt.

RECHTS David Collins' behagliches Wohnzimmer zeigt auf Vorhängen, Teppich und Möbeln alle Farbtöne, die man in einer Schale Oliven finden könnte. Der gestickte Streifen auf den Vorhängen glitzert im Licht und verhindert, dass die dunkelolivgrüne Seide düster wirkt.

LINKS Dies ist eine wunderbar gemütliche, intime Höhle zum Entspannen. Die Wände haben einen dunklen Khakiton, das Sofa ist kaffeebraun. Durch die Naturmaterialien der Stapeltische und des Bodenbelags sowie die Akzente in Weiß und mit Leopardenprint wirkt der Raum verführerisch wie ein Stück dunkler Schokolade.

UNTEN Mutiges Feigengrün macht die Wand hinter dem Essplatz zum Hingucker. Solche auffallenden Einzelwände wirken nicht zu dominant und eignen sich gut, um in einer offenen Wohnung Bereiche zu kennzeichnen. Der Tisch von Terry Hunziker besteht aus Weißeichenfurnier und Stahl. Die russischen Birkenholzstühle stammen aus dem 19. Jahrhundert.

IDEEN FÜR PERFEKTE NEUTRALE FUSSBÖDEN

- Abgebeiztes Holz in Naturtönen, oder auch weiß gestrichen, dann geschliffen und gewachst, sieht immer stilvoll aus.
- Sisal mit doppelt eingefasster Kante ist eine zeitgemäße Alternative zum Teppich.
- Steinböden sind praktisch und in Kombination mit einer Fußbodenheizung auch nicht kalt. Es gibt sie in schönen, warmen Goldtönen, die sehr heimelig aussehen.
- Im Zementbett verlegte und verfugte Steinplatten eignen sich für Räume, die sich in den Außenbereich fortsetzen.
- Geflammte Backsteine im Fischgratverbund kann man wachsen oder roh lassen.
- Travertin in warmem Cremeton ist eine gute Alternative zu Steinboden.
- Felle von Schaf, Kuh oder Zebra passen zu allen Neutralfarben. Auch Orient- oder Streifenläufer sind einen Versuch wert.

GRÜNER TEE BIS TABAK FARBMUSTER

Ein dunkler Holzboden (7) ist die beste Wahl für einen Raum in Oliv- und Tabaktönen. In dieser schwierigeren Palette findet man das richtige Gleichgewicht der Farben, Muster und Texturen nur durch Ausprobieren. Der wunderbare Kokosstoff in der »Nicht-Farbe« Chinchilla (5) passt überall und ist für jeden Stil eine Bereicherung. Das dunkle, mächtige Khaki-Oliv (8) sollte man dagegen nur sparsam verwenden. Papierstoff (10), Stoffe mit Jacquardmustern (2 und 6) und moosgrüner Samt (12) haben durchaus schöne Farben und Texturen, jedoch kann man die chartreusefarbene Seide (14) und den abgestimmten Streifen (9) wohl als Farbe des Jahrzehnts bezeichnen. Das große Blattmuster (13) ist sehr lebendig und bietet sich vornehmlich für die Sommersaison an. Der Streifenstoff (4) mit sämtlichen Farbtönen eignet sich, um optische Verbindungen herzustellen. Feines, weißes Leinen (11) passt zu jeder Farbe, während Karos in zwei Tönen (1 und 3) sich wie immer für Vorhangfutter oder einfache Kissen anbieten. Eine gelungene Kombination könnte aus den Stoffen Nr. 4, 5, 10, 13 und 14 bestehen.

Akzente zu Grün

DIE NATUR FÜHRT UNS VOR, wie viele Farben gut mit den verschiedenen Grüntönen harmonieren. Welche Kombinationen Sie wählen, hängt vom eigenen Stil und Geschmack ab, aber auch von dem Look, den Sie gestalten wollen.

Alle hellen und dunklen Grüntöne ergeben mit erdig warmen Farben wie Braun, Mokka und Ingwer ein gemütliches Herbstambiente, das Behaglichkeit und Wärme ausstrahlt. Am besten passen dazu griffige Texturen, etwa von Leder, Samt und Fell.

Leuchtende Rot-, Orange- und Terrakottatöne akzentuieren die dunkleren Grüntöne, während Türkis, Fuchsia oder Bonbonrosa jung und frech wirken und gut zu modern eingerichteten Wohnungen passen.

Wer es frisch, aber ruhig mag, sollte einmal hellere Grüntöne mit Rohweiß und Lavendel kombinieren.

TABAK & TOMATE

In diesem erlesen ausgestatteten Raum in David Carters Haus hebt sich der leuchtend rote Kopfschmuck aus Kamerun von der dunkel tabakbraunen Wand mit Antikeffekt ab. Das Rot wiederholt sich in den Mustern des Teppichs und des Trommeltischs.

OLIVE & FUCHSIA

Hätte man mir früher vorgeschlagen, Oliv und Fuchsia zu kombinieren, hätte ich entsetzt die Hände über dem Kopf zusammengeschlagen. Bis ich die Kombination selbst sah: Sie ist ein wahrer Geniestreich, der hier die dunklen Seidenvorhänge zum Leben erweckt.

CELADON & LAVENDEL

Lavendel und Violett bilden schöne Akzente zu Grün. Für die handgequiltete Bettdecke wurde ein Stoff mit Clematismuster von Chelsea Textiles verwendet, für Kopfteil und Kissen ein fröhliches Vichykaro. Aus dem Clematisstoff, jedoch in Mauve mit grünem Senkrechtstreifen, wurden die Vorhänge genäht (nicht im Bild zu sehen). Solche Stoffe sind sehr praktisch, um zwei verschiedene Farben in Einklang zu bringen.

BLAU • Entenei Meißen Glockenblume Wasser Himmel Aquamarin Jeans Flieder Wisteria Lavendel Vergissmeinnicht Distel Hyazinthe Erika Veilchen Indigo Petrol Pfauenauge Kobalt Mitternacht Babyblau Lapislazuli Wildente Saphir Ozean Schmucklilie Nebel Hortensie Krokus Amethyst Schwedenblau Karibik Heidelbeere Kornblume Marine Lagune Türkis Lisianthus Quellwasser Yachthafen Enzian

Blau hat sich als Wohnfarbe erst im 21. Jahrhundert wirklich durchgesetzt. Früher galt bestenfalls die klassische Kombination aus Porzellanblau mit Weiß als akzeptabel, Hellblau war kleinen Jungen vorbehalten und Türkis für Innenräume zu frech. Heute entdecken Innenarchitekten immer neue reizvolle Blautöne und deren Möglichkeiten – von Entenei über Flieder und Stahl bis zu Petrol.

Türkis ist keineswegs unkompliziert, doch in diesem Esszimmer hat Jamie Drake es gekonnt eingesetzt. Als Blickfang dient eine eindrucksvolle Sammlung von antikem Muranoglas in Opaltürkis, die mit anderen Objekten in ähnlichen Farben auf einem alten Tisch präsentiert wird. Auch Vorhänge und Decken entspringen dem gleichen Farbspektrum.

ENTENEI BIS JEANS

Blau, die Farbe von Meer und Himmel, weitst in Ton und Tiefe viele wunderbare Variationen auf und ist eine ausgesprochen angenehme Wohnfarbe. Allerdings sind nicht alle Blautöne neutral. Wieder sind es die »angeschmutzten« Nuancen, die sich als Hintergrund für ruhige Schlaf- und Wohnräume am besten eignen. Die übrigen, kräftigeren Töne verwendet man besser ausschließlich für Akzente.

Diese Esszimmerwand, gestrichen in »Pale Medici Blue« von Ressource, ziert nur ein venezianischer Spiegel aus dem 19. Jahrhundert. Die antike Bank ist mit dem marineblau bezogenen Polster ein stimmiger Blickfang, auch die lavendelfarbene Tischdecke passt perfekt. Das Geschirr »Voiles« haben Michael Coorengel und Jean-Pierre Calvagrac für Puiforcat entworfen. Der Kronleuchter aus den 1940er-Jahren in dreierlei Kupfertönen stammt von Jansen.

ENTENEI

MEISSEN

HIMMEL

JEANS

AQUAMARIN

GLOCKENBLUME

WASSER

Der Malkasten der Natur in der Wohnung

HELLE UND MITTLERE BLAUTÖNE eignen sich für wunderschöne Effekte in allen Wohnbereichen. Rohweiß, Grau und Taupe harmonieren mit Blautönen, während sich für Akzente viele Farben von knalligem Pink und Gelb bis Silber und Gold eignen.

Die hellsten, zartesten Töne wie Enteneierblau, Nebelblau und Babyblau haben etwas Verträumtes und sehen auf strukturierten, gestrichenen Wänden aus wie ein vom Regen erfrischter Sommerhimmel. Auch für duftige Vorhänge aus Leinen oder schimmernder Waschseide für Kissen und Decken aus Kaschmir und Wolle oder auch für lose Polsterbezüge aus Leinen eignen sich diese Farben perfekt. Eigentlich gibt es keinen Raum, den man nicht komplett mit diesen hübschen Tönen ausstatten könnte. Kombiniert man mehrere verwandte Farbtöne, sollte man den hellsten immer für die größten Flächen im Raum verwenden. Natürlich lässt sich auch hier durch verschiedene Materialien und Texturen Abwechslung schaffen.

Aquamarin, die Farbe eines klaren Bergsees unter ungetrübtem Himmel, hat eine jüngere, modernere Ausstrahlung, denn die Tendenz zum Türkis macht diese Farbe frecher. Sie kann ebenso verwendet werden wie blasses Blau, aber das Ergebnis ist etwas ausdrucksstärker – und vielleicht fröhlicher.

Obwohl man die Farben von Sommerhimmel und Swimmingpool eigentlich nicht als Neutralfarben betrachten möchte, harmonieren sie doch erstaunlich gut miteinander. Und mit dem Schimmer von Seide, Glas oder Perlglanzfliesen bekommen diese Farben

etwas Magisches. In der ägyptischen Sammlung im Pariser Louvre kann man die enorme Leuchtkraft der uralten Farben von Türkis und Lapislazuli bewundern.

Jeans sind nicht nur in den Kleiderschränken rund um den Globus anzutreffen – Material und Farbe haben auch die Wohnung erobert. Der Stoff ist strapazierfähig und pflegeleicht, also ideal für vielbenutzte Räume, etwa das Zimmer eines Jugendlichen. Jeansblau besticht durch eine Lässigkeit, die gut an die Küste passt, aber auch in jeder anderen Wohnung auf dem Land und in der Stadt eine entspannte Atmosphäre verbreitet. Das Farbspektrum reicht von verwaschenem Hellblau bis zu tiefem Indigo. Und jeder Jeansträger weiß, dass alle anderen Farben dazu passen, denn es ist einfach perfekt neutral.

LINKE SEITE AUSSEN Eldo Netto ließ sich bei der Einrichtung seiner Wohnung in Manhattan vom Blick auf Fluss und Himmel inspirieren. Die Bilder – eins mit einer dunkelblauen Architekturzeichnung, drei mit blauen Passepartouts – harmonieren gut mit der mattblauen Wand und bringen den entspannenden Charakter der Farbe subtil zur Geltung.

LINKE SEITE INNEN Die ungewöhnliche, von Martin Hulbert entworfene Polsterbank in Enteneierblau ist der Blickfang in Colette's Lounge im Grove Hotel in Hertfordshire, das von Mary Fox Linton eingerichtet wurde. Durch die verschiedenen Texturen von Wänden, Polsterbezügen und Seidenkissen wirkt dieser Ton in Ton gehaltene Raum so stimmig.

LINKS Der legendäre Alberto Pinto hat dieses Bad in Hellblau entworfen, in dem ein venezianischer Spiegel alle anderen Elemente in Perlglanz zu tauchen scheint.

OBEN Ein antikes Sofa mit einem Bezug aus märchenhaft schimmernder, hellblauer Seide ist der optische Mittelpunkt in diesem eleganten Wohnzimmer, das Eldo Netto gestaltet hat. Betont wird das Blau durch das schwarze Lackschränkchen aus Asien, die dunklen Rauten auf dem modernen Teppich und die pinkfarbenen Blumen. Die Leopardenkissen bringen einen modernen Akzent ins Spiel.

RECHTS Für diese Vorhänge ließ Eldo Netto Streifen aus Seidentaft in zwei verschiedenen Farben zusammensetzen. Sie korrespondieren mit den Tönen von Himmel und Fluss und changieren im Licht. Der Streifenteppich aus dem 19. Jahrhundert stammt aus der indischen Stadt Afra, die für die Blautöne ihrer Dhurrys berühmt ist.

UNTEN RECHTS »Cotton Blue« heißt die Wandfarbe von Ressource, die Coorengel und Calvagrac für diese Bibliothek im klassischen Stil gewählt haben. Viele Rahmen und andere – teilweise kuriose – Accessoires lassen das Blau erstrahlen.

SCHWIERIGES **TÜRKIS**

- Katharine Pooley von home accessories emporium empfiehlt verschiedene Türkistöne, um Räumen Eleganz und Präsenz zu geben.
- Ausgewogen wirkt eine Kombination von Seidensamt, bedruckter Seide in Türkisfarben und Naturleinen.
- Ein Hauch Schokoladenbraun dämpft den starken Kontrast zwischen dem türkisfarbenen Samt und dem neutralen Ton des Leinens.

ENTENEI BIS JEANS FARBMUSTER

Diese sanften, hellen Blautöne galten einmal als Klassiker für ein maritimes Ambiente, doch inzwischen haben sie auch Einzug in elegante, moderne Stadtwohnungen gehalten. Für Hartböden empfiehlt sich gebleichtes Holz (5) oder sandfarbiger Naturstein (7), für weichere Bodenbeläge könnte man grob strukturierte Naturfasermaterialien (4) oder groben Wollteppich (9) wählen, der sich unter den Füßen sehr behaglich anfühlt und zusammen mit Seidensamt (13), feinem Kaschmir (1) und Strick (6) Wärme und Behaglichkeit vermittelt. Schlichtes Leinen in zwei Farbtönen (14 und 15) ist ein praktisches Universalmaterial, während »Ruffle Linen« von de le Cuona (3) durch seine Textur besticht. Als Muster bieten sich ruhige Streifen (2), gedämpfte Paisleys (8) oder der Stoff mit zarter Blumenstickerei (12) an. Aus Seidentaft in zwei Farben (10 und 11) hat Eldo Netto die breit gestreiften Vorhänge nähen lassen (siehe linke Seite oben).

Das Schlafzimmer von Jamie Drake ist vom Boden bis zur Decke ein Traum in Flieder. Das übergroße Kopfteil hat eine Bespannung aus violettem Samt mit Knopfheftung. Der gleiche Stoff wurde für den Matratzenbehang benutzt. Wände, Bücherregale und Schrankfronten sind in einem einheitlichen Fliederton gehalten. Selbst der Cremeton der Tagesdecke und der Kissen tendiert unterschwellig zu Flieder.

VERGISSMEINNICHT

FLIEDER

HYAZINTHE

WISTERIA

DISTEL

FLIEDER BIS ERIKA

LAVENDEL

Hier geht es um die Blautöne mit einem Anklang von Rosa, deren dunklere Nuancen zu Erikatönen tendieren und viel Tiefe besitzen. Als Wohnfarben sind sie noch recht neu, doch wer sie mit Feingefühl einsetzt, wird erstaunliche Ergebnisse erzielen. Am schönsten sind die verwaschenen Töne, die nicht süßlich wirken, sondern edel, stilvoll und kein bisschen langweilig.

ERIKA

Romantische Farben fürs ganze Jahr

ALS WOHNFARBEN sind meiner Meinung nach die hellsten Fliedertöne am schönsten. Der zarte, fast wässrige Ton sieht auf Wänden, Tür- und Fensterrahmen gut aus, vor allem in mattem Finish und vielleicht mit leichtem Antikeffekt. So wirkt es romantisch und sommerlich und bildet einen wunderbar neutralen Hintergrund, vor dem man nach Lust und Laune gestalten kann.

Kräftigere, dunklere Fliedertöne sind schwieriger einzusetzen und verlangen mehr Stilsicherheit. Jamie Drake beweist aber, dass sie in Schlafzimmer und Wohnbereich großartig aussehen können (siehe Seite 102 und rechts). Bei großen Flächen in kräftigem Flieder ist allerdings Vorsicht geboten, sonst wirken sie leicht klaustrophobisch – zudem ist es schwierig, die Wirkung auf der ganzen Wand einzuschätzen, wenn man nur ein kleines Muster gesehen hat.

Stoffe andererseits gibt es in vielen Qualitäten und Texturen mit kräftigen und dennoch sanften Farbtönen. Auch Muster in solchen Farben können sehr attraktiv sein, etwa Streifen auf schwerem Leinen, Vichykaro und Paisleys. Alle vertragen sich gut mit den hellen Wänden, die ich empfehle.

Einfacher ist der Umgang mit den Erikatönen, die weniger klar und definiert sind als die Fliedertöne. Die Nuancen von Erika vertragen sich mit nahezu allen Farben unter der Sonne und bieten sich für reizvolle Kombispiele an. Auf gewaschenem Leinen, Kaschmir und Chenille kommen die tiefen Töne besonders schön heraus, aber auch andere Stoffqualitäten sehen gut aus. Erikatöne konvenieren mit Winter und Sommer, sie passen ins Schlafzimmer wie in den Wohn-

LINKS Ich mag die Farbe von Erika. Bernie de le Cuona gehört zu den wenigen Textilfirmen, die diese subtilen Töne treffen. Hier hat sie ein warmes, sehr ungewöhnliches Schlafzimmer mit einer Leinendecke mit langen Fransen, einer antiken Paisley-Wolldecke und Kissen in Taupe und Beerentönen gestaltet: Ein perfekter Look für den Winter, den man im Sommer mit anderen Kissen und Decken schnell und kostengünstig variieren kann. Solche Wandlungsfähigkeit wird durch den klugen Einsatz von Farben möglich. Wenn Sie Kopfteil und Bettsockel cremefarbig beziehen, brauchen sie im Winter nur erikafarbene Bezüge darüberzuziehen und Bettwäsche, Decken und Kissen auszutauschen.

RECHTS Ein Raum von Jamie Drake in gewagtem Flieder mit Sesselbezügen aus einem melierten Stoff, auf dem sich die Seidenkissen gut abheben.

LINKS Für diesen Flur hat Mona Perlhagen zwei Stoffe jeweils in identischen Farben gewählt: Creme und ein violettstichiges Indigo. Das Muster des Vorhangs namens »Thistle« ist gedruckt und luxuriös bestickt. Die Bezüge von Stuhl und Rolle sind nur bestickt. Zusammen mit den warmen Tönen der Holztäfelung und des Teppichs wirken die Stoffe im Arts-and-Crafts-Stil ausgesprochen behaglich.

OBEN RECHTS Mit den Vorhängen in einem blassen Distelblau und den Stühlen, die nur eine Nuance grauer sind, wirkt das Esszimmer in Deborah Bretts Wohnung in London sehr ruhig – und zwar erstaunlicherweise am Abend ebenso wie am Tag. Für etwas Glamour sorgen der Schmiedeeisenspiegel und der Glaskronleuchter.

RECHTS Frédéric Méchiche hat für diesen freundlichen Raum Wände in hellem Flieder mit einem Hauch Beige gewählt. Diese Farbe harmoniert gut mit dem Naturfaserteppich auf dem Holzboden. Die Chaiselongue aus dem 19. Jahrhundert trägt moderne Streifen.

bereich und sehen großartig zu anderen, hellen Blauvioletttönen aus, etwa den Pflanzenfarben Flieder, Lavendel, Blauregen oder Distel. Früher galten Taupe und Beige als universelle Neutralfarben, nun scheinen die Erikatöne diese Rolle einzunehmen.

Ein Vorteil beim Gestalten von Räumen im Spektrum von Flieder bis Erika ist, dass es rund ums Jahr immer andere frische Schnittblumen in wunderbar harmonierenden Farbtönen gibt. Im Frühling kaufe ich gern schlichte, elegante Tulpen oder herrlich duftende Hyazinthen, Levkojen oder Wicken, entweder zwei verschiedene Farben in separaten Sträußen oder auch zwanglos gemixt. Flieder- und Blauregenblüten kann man im Sommer schneiden, aber sie halten nicht lange. Danach gibt es Lisianthus und natürlich Erika. Ich finde auch dunkle Glockenblumen hübsch, die man in Schalen pflanzen kann. Auf der Suche nach einer Kontrastfarbe, die originell und dabei sanft wirkt, habe ich im Schaufenster von Bernie de le Cuona Maisgelb entdeckt. Zusammen mit Erikatönen sieht es atemberaubend aus, während zu klarem Flieder Limettengrün besser passt.

FLIEDER BIS ERIKA

Die elegante, aber entspannte Atmosphäre in Lena Proudlocks skandinavischer Küche basiert auf der harmonischen Mischung von zartem Flieder und klarem Blau. Leisten und Balken, Schränke und Tischplatte in hellem Flieder harmonieren mit den Farben des Geschirrs. Die Sitzpolster der gestrichenen Stühle sind mit farblich abgestimmten Denim bezogen.

FLIEDER BIS ERIKA FARBMUSTER

JAMIE DRAKE VON DRAKE DESIGN ASSOCIATES ÜBER FARBEN

◆ Wenn es um Farbe geht, bin ich NIE neutral. Ich mag keine Grauzonen und keine verwässerten Aussagen. Ja, wir leben in einer verrückten, lauten, überdrehten Welt und wünschen uns ein ruhiges Nest, in das wir uns zurückziehen können.

◆ Ich finde die Natur ruhig. Und wo in der Natur gibt es Beige? Schon mal einen Wald in Taupe gesehen? Verursacht ein Strauß écrufarbener Rosen von Ihrem Liebsten Ihnen Herzflattern? Vor Jahren hat mein Kunstprofessor Farbe als »den musikalischen Teil eines Bildes« bezeichnet. So gehe ich an die Innenarchitektur heran: Räume sollen singen! Damit ein Raum farbenfroh und doch harmonisch wirkt, kann man ihn durchweg – Wände, Fenster, Möbel – in einer Farbe, aber verschiedenen Texturen gestalten und eine Akzentfarbe dazu wählen.

◆ Farbe ist, wie alles im Leben, relativ. Ein Billardtisch mit kobaltblauer Platte springt einem in einem schneeweißen Raum optisch entgegen. Streicht man die Wände in der Farbe des Himmels oder eines Rotkehlchens, wird der Kontrast geringer, wirkt der Raum »neutraler«. Ein Schlafzimmer in Lavendel mit wandfüllenden, lavendelfarben lackierten Einbauschränken und violettem Kopfteil ist neutral, weil alle Elemente eine ähnliche Intensität besitzen. Ton in Ton ist die Zauberformel.

Die Palette von Flieder bis Erika kann sehr modern aussehen, wenn man allerlei Streifen, Karos, Paisleys und Tweeds zusammen mit einfarbigem, gewaschenem Leinen mixt. Dieser ruhige, unkomplizierte und dabei elegante Stil passt in Wohnzimmer so gut wie in Schlafräume. Das Karo von Chelsea Textiles (16) zeigt Flieder von seiner neutralsten Seite – ein wunderschöner, »angeschmutzter« Ton. Für den Fußboden empfiehlt sich helle Eiche (8), sandfarbener Kalkstein (13) oder ein rohweißer, melierter Wollteppich (9). Der Stoff aus reinem Kaschmir (12) ist wunderbar weich und passt perfekt zu dem Karo, dem unregelmäßigen Streifen (14), dem Paisley (6) und dem schönen, erikafarbenen Leinenmischgewebe von de le Cuona (4). Für den Sommer empfehlen sich die leichteren Stoffe (1, 2 und 5), während im Winter üppigere, dickere Stoffe in dunkleren Farben (3, 10, 11 und 15) Gemütlichkeit schaffen. Der hinreißende Seidenstreifen (7) bringt Smaragdgrün und Stahlblau als Akzentfarben ein und sieht in jedem Zimmer dramatisch aus, beispielsweise für Vorhänge.

Mit einfarbigen und gemusterten Decken in abgestimmten Farben lässt sich die Wirkung eines Raums im Handumdrehen verändern.

INDIGO

PFAUENAUGE

VEILCHEN

Das antike Sofa in der Blue Lounge des Grove Hotel hat einen Bezug aus blauem Crash-Samt, der mit den kobaltblauen Amphoren aus Südfrankreich korrespondiert. Der Kontrast zwischen den Blautönen, dem dunklen Fußboden und den Leisten in einem hellen Pilzton ist erstaunlich, dennoch wirkt das Interieur neutral. Schmiedeeisen setzt sich als Material für Dekoobjekte immer mehr durch – und mir gefällt es.

VEILCHEN BIS MITTERNACHT

MALACHIT

MITTERNACHT

KOBALT

PETROL

Die dunklen Töne der Violettfamilie sind atmosphärisch, dramatisch, sexy und glamourös. Es sind Farben für den Abend, die sich für Esszimmer, Wohnzimmer oder prächtige Boudoirs anbieten. Bei diesen Farben denkt man an eine Filmdiva auf dem Weg zur Oscar-Verleihung. Und natürlich sollte ein Raum, der in diesen Farben gehalten ist, auch standesgemäß mit Seide, Samt und glitzerndem Kristall ausgestattet sein.

Farben für die blaue Stunde

SATTE, GEWAGTE BLAU- UND VIOLETTTÖNE erleben derzeit eine Renaissance. Französische und italienische Lifestyle-Zeitschriften nennen Indigo sogar das Neue Schwarz – und das sagt alles.

Indigo ist die Farbe Afrikas, des Fernen Ostens, Mittel- und Südamerikas. Es erinnert mich auch an Länder wie Griechenland, Spanien und Marokko, in denen die Sonne so heiß brennt, dass sie alle Farben ausbleicht. Darum verwendet man intensives Indigo, um Stoffen und Fliesen mehr Leuchtkraft zu geben. Der intensive Blauton ist vielseitig, er eignet sich als Grundfarbe und auch für Akzente und kann beispielsweise auf Stoffen »tribal« oder absolut elegant aussehen. Mit diesen Tönen ist fast jeder Effekt möglich.

Da afrikanische Stile im Trend liegen, habe ich mich unter den prächtigen Blautönen marokkanischer Ke-

ramik- und Glaswaren umgesehen. Häufig sind diese Stücke mit Türkis verziert. Schweres, kobaltblaues Glas ist in blauen Räumen ein effektvoller Akzent. Zum Glück sind Glas und Keramik aus Marokko und Mexiko heute überall für relativ wenig Geld zu bekommen, sodass sich jeder Accessoires leisten kann, um strukturlose Räume in Blau zu bereichern.

Am dunklen Ende des Spektrums liegt Nachtblau. Ich finde die glamouröse Farbe besonders schön in Esszimmern, die primär abends benutzt werden. Sanfte Beleuchtung, Kerzen, poliertes Silber und weiße Tischwäsche stehen dieser Farbe gut. Wer es weniger förmlich mag, stellt dem Nachtblau andere Kontrastarben zur Seite, etwa Pink und Cremeweiß, Hell- oder Mittelblau oder freches Limettengrün. Zu einem zwanglosen Essen runden gemusterte Keramikteller und mexikanisches Glas die Szenerie ab.

Irgendwo zwischen dem prächtigen Violett und Indigo, dem edlen Kobaltblau und den sinnlichen

LINKE SEITE Ein königliches Ambiente von Jamie Drake, der ein begnadetes Händchen für Farben hat. Der Raum in verschiedenen Violetttönen ist elegant, behaglich, aufregend – und dabei recht neutral, weil alle Farben miteinander verwandt sind. Den hellsten Ton zeigen die Wände.

MITTE Stephen Falcke hat für die Stühle zwei verschiedene Töne gewählt: Violett und Lavendel. Der dunklere Ton allein wäre zu drückend gewesen, doch diese Kombination wirkt sehr ausgewogen. Die Bezüge aus Alcantara (Wildlederimitat) sind mit Messingnägeln fixiert. Der türkische Teppich fügt sich gut ein, ohne allzu perfekt abgestimmt zu wirken – das bringt etwas Lässigkeit. Seine Farben wiederholen sich im antiken Kimono an der Wand.

UNTEN Im G Hotel im irischen Galway hat Philip Treacy mitternachtsblaue Wände mit violetten Polstermöbeln kombiniert. Sehr gewagt – aber es geht! Der prächtige, vergoldete Rokkokospiegel, die goldfarbenen Leisten und die Glasleuchte sind perfekte Accessoires.

VEILCHEN BIS MITTERNACHT

Mitternachtstönen liegen die atmosphärisch-dunklen Blaugrün-Nuancen von Pfauenfedern, Stahl und Petroleum. Stahl ist fast undefinierbar, weil jeder darunter eine andere Farbe versteht. Für mich ist es ein kräftiges Blau mit Anteilen von Grün und Türkis – wie das Gefieder von Wildenten. Dies ist eine wunderbare, neue Neutralfarbe, weil man sie großartig mit anderen Blau- und Grüntönen, aber auch mit Erdfarben und vor allem Kaffeetönen kombinieren kann. Die Intensität dieser Farbe steht edlen Stoffen ausgezeichnet. Sie eignet sich für den Wohnbereich und ist auch eine gute Akzentfarbe, etwa in Form von Glas und Porzellan. Wie alle intensiven Farben muss Stahl mit Bedacht eingesetzt werden. Leihen Sie sich möglichst große Stoffmuster aus, um die Wirkung abzuschätzen.

Eine weitere Lieblingsfarbe ist die Mischung aus mattem Türkis mit dem Blau des Atlantiks im Winter – besser kann ich sie nicht beschreiben. Ich zähle sie zu den perfekten Neutralen, weil sie als Akzent zu fast allen anderen Farben passt – natürlich zu Kaffee, Creme und allen Grautönen, doch neulich sah ich sie in einer zitronengelben Küche – sagenhaft!

OBEN Indigo ist eine tolle Wandfarbe für Esszimmer, die von Berufstätigen ohnehin nur abends benutzt werden. Die goldenen Leuchter setzen, ebenso wie Kristall oder Glas, geschmackvolle Akzente. Alle luxuriösen Materialien sehen zu Indigo großartig aus.

LINKS In diesem Esszimmer in einem Stadthaus aus früher viktorianischer Zeit hat John Minshaw eine geradezu barocke Atmosphäre geschaffen. Auf der indigoblauen Kaminwand hängt ein Gemälde aus elisabethanischer Zeit. Die dunklen Möbel und die Stuhlhussen in matterem Blau passen ausgezeichnet dazu.

TOP TIPPS FÜRS ESSZIMMER

- Sparen Sie in einem Esszimmer in dunklen Farben nicht an Accessoires aus Glas und Silber, die Leben in den Raum bringen.
- Kerzenlicht ist ein Muss. Verwenden Sie weiße oder cremefarbene Kerzen und zünden Sie sie an, bevor die Gäste eintreffen.
- Wählen Sie Blumen Ton in Ton oder als Farbakzent. Leuchtend gelbe Blumen sehen zu Blau schön aus, pinkfarbene Blüten passen zu fast allen Farben.
- Stellen Sie abwechselnd Glasleuchter und Minivasen auf dem Tisch auf. Sie versperren die Sicht zum Gesprächspartner über den Tisch nicht.
- Verwenden Sie anstelle von Tischdecke und Sets einen Tischläufer und Platzteller, und nähen Sie Servietten aus ungewöhnlichen Stoffen.

VEILCHEN BIS MITTERNACHT FARBMUSTER

Zu einer so dramatisch-dunklen Farbpalette passt entweder ein abgestimmter Bodenbelag aus bläulichem Stein (5) oder als Kontrast ein heller, polierter Steinboden (11). Solche satten Farben kommen auf schimmernden Seidenstoffen wie diesem Streifen auf cremefarbenem Grund (8) oder auf edlem Samt (3 und 13) am besten zur Geltung. Kühles Leinen oder Baumwolle in Marineblau und der bewährte Denim (9 und 12) sind unkomplizierte Basismaterialien. Strukturierte Gewebe wie das Mischgewebe aus Leinen, Wolle und Baumwolle von de le Cuona (1) oder ein Flechtgewebe (2) bieten Möglichkeiten, die gleiche Farbe in verschiedenen Texturen einzubringen. Der körnige Stoff in Cassis (4) eignet sich für Polster- und Kissenbezüge. Der feine Streifen (6) wirkt edel und zurückhaltend, während die größeren Muster wie der Ethnodruck (10) und die Stickerei von Chelsea Textiles (14) sich als Blickfang anbieten. Eine schöne Alternative ist einer meiner Lieblingsstoffe, dessen Untergrund aussieht wie mit Tee gefärbt – ein edler Antikeffekt (7). Das interessante Ledergewebe (15) wäre eine reizvolle moderne Zutat zu diesem Farbschema.

Hier wird der subtile Ton-in-Ton-Effekt durch verschiedene edle Stoffe geschaffen. Kombinationen edler Materialien wie Seide, Satin und Samt sehen in glamourös dunklen Farben besonders schön aus.

HIMMELBLAU & GOLD
Jamie Drakes attraktive Möbel in hellem, zum Türkis tendierenden Blau heben sich hier vor den hellen Wänden und dem dunklen Boden perfekt ab. Der Spiegel und der Kamin mit der abgegriffenen Vergoldung sind die ideale Ergänzung zu dem sanftblauen Samt und dem schimmernden Glas.

VEILCHEN & TOFFEE
Anstelle eines Couchtischs hat Stephen Falcke mehrere niedrige Holzhocker vor das lange Sofa mit dem Alcantarabezug gestellt. Die Kissen mit Ethnomuster in Karamelltönen bringen das gewagte Violett des Sofas erst richtig zum Leuchten.

ENTENEI & GOLDGELB
In Colette's Lounge im Grove Hotel sorgt Martin Hulberts vierseitiges Sofa mit dem enteneierblauen Bezug von Bruno Triplette für Gesprächsstoff. Die Seidenkissen im abgestimmten Farbton sorgen für Variation in der Textur. Für die ungewöhnlichen Stühle von Hulbert standen französische Sänftensessel Pate. Sie sind mit goldgelben Kissen dekoriert. Interessante Möbelstücke können jeden Raum aufwerten.

Akzente zu Blau

BLAU IST EINE KLASSISCHE FARBE, zu der traditionell Akzente in Weiß gewählt werden. Doch es geht auch ganz anders – und viel aufregender.

Eine sehr reizvolle Kombination ist beispielsweise pudriges Hellblau zu kräftigem Goldgelb. Natürlich passen zu Blau auch alle Rosatöne von zartem Altrosé über Rosarot bis Fuchsia. Silber und Gold sind ausgesprochen neutrale Kombipartner, die Blau – wie jeder anderen Farbe – Glanz und Glamour verleihen.

Eine neue und interessante Akzentfarbe ist Türkis, das aber mit Feingefühl dosiert werden muss. Auch Koralle sieht zu Blau gut aus und kann großzügiger eingesetzt werden, weil es sanft ist und jedem Raum in Blau freundliche Wärme gibt.

ROSA • Kirschblüte Erdbeereis Rose Wicke Himbeersorbet Wassermelone Fuchsie Johannisbeere Rote Grütze Kirsche Sangria Mohn Rhabarber Weißherbst Pflaume Maulbeere Traubensaft Rote Bete Brombeere Aubergine Rubin Merlot Begonie Cassis Lachs Päonie Magenta Babyrosa Burgunder Rosenwasser Johannisbeere Bonbonrosa Alpenveilchen Radieschen Zuckerwatte Wangenröte Scharlach Pink Lippenstift Beaujolais Karmin

Wir fassen die Gruppe der Rosarottöne sehr weit und schließen auch die herrlichen Farben der Sommerblumen und -früchte ein: füllige Päonien, prächtige Rosen und saftige Erdbeeren, saure Johannisbeeren und süße Pflaumen. Viele Designer haben bewiesen, dass sich in den Tönen von Kirschblütenrosa über Fuchsie bis zum Aubergine auf vielerlei Weise stilvolle Interieurs gestalten lassen.

Die Sessel in gewagtem Schiaparelli-Pink definieren Stil und Stimmung des Sitzbereichs im Soho Hotel in London. Kit Kemp hat den Bezugsstoff nach dem Vorbild einer ihrer eigenen Handtaschen eigens herstellen und mit Blumen besticken lassen. Die Kissen in der gleichen Farbe sind mit einem anderen Stoff bezogen.

KIRSCHBLÜTE

WASSERMELONE

Think pink! Die traditionell femininen Farbtöne sind wie geschaffen für Jamie Drakes hübsches Gästezimmer. Weil Wände und Decke im gleichen Ton gestrichen sind, wirkt der Raum weniger eckig. Schabracken und Vorhänge aus Seide rahmen die Fenster ein. Der gleiche Stoff wurde für Bettvolant und Kopfteil verwendet. Die blütenweiße Bettwäsche ist rosafarben eingefasst. Bei den Blumen, der Lampe und der Kommode setzt sich die zarte Farbe fort.

ERDBEEREIS

KIRSCHBLÜTE BIS FUCHSIE

WICKE

ROSE

FUCHSIE

HIMBEERSORBET

Früher waren die zarten Rosatöne ausschließlich Kleinmädchenzimmern vorbehalten, doch ihre leicht »angeschmutzten« Varianten wirken viel erwachsener, dabei aber feminin und sehr elegant. Auch die kräftigeren, knalligen Töne von Fuchsien, Alpenveilchen und Wassermelone sind erstaunlich vielseitig. Sie können Räume mit ihrer Leuchtkraft aufwerten und vertragen sich mit fast allen anderen Farben und Rosatönen.

KIRSCH-
BLÜTE BIS
FUCHSIE

Die Farben eines Sommergartens

DENKT MAN AN ROSA als Wohnfarbe, drängen sich Bilder von Mädchenzimmern in Barbiepuppen-Pink oder zartem Babyrosa auf. Im 21. Jahrhundert wird der Begriff »Rosarot« aber weiter gefasst und schließt auch andere aufregende und edle Töne ein.

In die Palette von Kirschblüte bis Fuchsie fallen all die Farbtöne, die man seit Generationen von zarten Karos, Streifen oder gemusterten Chintzstoffen kennt. Sie sind vielseitig, beliebt und in Wohn- und Schlafräumen gleichermaßen einzusetzen. Heute umfasst allerdings das Angebot mehr als die traditionellen Baumwoll- und Leinenstoffe: Selbst Tweed ist in Rosa erhältlich. Und verwendet man diese Farben ohne viele Muster, wirken sie so sanft und neutral, dass sie in jedem Raum buchstäblich jeden ansprechen.

Bei der Wahl eines Rosatons spielt der Raum eine Rolle. Sanfte, zarte Farben von Wicken und Kirschblüten wirken in einem Schlafzimmer hübsch und ruhig, und sie lassen sich gut mit dunkleren Tönen kombinieren. Kräftigeres Rosarot oder Wassermelone wirkt im Wohn- oder Essbereich überraschend gut, weil sie anregend wirken und dadurch Gespräche fördern. Die intensiven Fuchsie- und Zyklam-Töne machen im Bad eine gute Figur.

Ich finde, dass man Pink mit Bravour und Stil einsetzen sollte, statt übervorsichtig zu sein. Nutzen Sie auch all die herrlichen Gartenblumen für Akzente. Stellen Sie einen Korb mit Azaleen oder Callablüten auf, und schon haben Sie das ultimative Zimmer in Pink geschaffen.

LINKS Der Vorhang aus einem Tweed von de le Cuona hat einen geradezu appetitlichen Farbton. Der Sessel ist mit einem cremefarbenen Tweed mit feinen, pinkfarbenen Knötchen bezogen. Die pinkfarbene Paisley-Decke mit den cremefarbenen Wildlederfransen verbindet beide Elemente. Auch die Texturkontraste zwischen Tweed, Wildlederfransen und Glattlederkissen sind spannend.

RECHTS In Jamie Drakes relativ offener Loftwohnung grenzt der Essplatz an einen Wohnbereich mit Akzenten in Magenta (siehe Seite 138). Die Wand in bläulichem Pink verbindet die beiden Bereiche, andere Farben sorgen für Abgrenzung: Holzfußboden und Vorhänge sind in warmen Goldtönen gehalten, um den patinierten Stahltisch stehen dunkelschiefergraue Stühle und darüber hängt ein Kronleuchter aus Muranoglas mit smaragdgrünen Kristalltropfen. Das antike Sideboard mit Spiegelfronten reflektiert den dekorativen Tischsockel.

KIRSCH-
BLÜTE BIS
FUCHSIE

Philip Treacy hat den »Pink Salon« im G Hotel im irischen Galway gestaltet. Die Wände haben einen prächtigen Alpenveilchenton, vor dem die Metallskulpturen von David Bartlett großartig zur Geltung kommen. Als Inspiration für den schwarzweißen Teppich diente ein Hut, den Treacy für Naomi Campbell entworfen hat und der von Mac Murray angefertigt wurde. Die französischen Sessel wurden weiß gestrichen und mit einem Toile-ähnlichen Stoff in kräftigem Pink bezogen. Die skurrilen Spiegelrahmen und die verspiegelten Sockel der Dekorationsobjekte passen gut zu einen Raum in so dynamischen Farben.

GEWAGTE FARBEN MUTIG EINSETZEN

- Wer gewagte Farben als Basis der Raumgestaltung verwenden möchte, sollte immer mit großer Geste ans Werk gehen. Philip Treacy beweist mit seinem Pink Salon im G Hotel (siehe oben und Seite 139), dass knalliges Pink ausgesprochen effektvoll sein kann. Bei diesem glamourösen Salon hat Treacy alle Register gezogen und den ultimativen Raum in Pink geschaffen.
- Wenn fast alle Elemente – Wände, Decke und Möbel – im gleichen Pinkton gehalten sind, vielleicht in einer Kombination aus Unis und Ton-in-Ton-Mustern, entsteht ein strahlender, gleichwohl neutraler Hintergrund, vor dem Schwarz und Weiß, Spiegel, Metall, Gold, Glas und Acryl als eindrucksvolle Akzente eingesetzt werden können.
- Durch gekonnt ausgewählte Materialien und Möbel – hier der Teppich mit dem ausgeprägten grafischen Muster, die ungewöhnlichen Spiegel und Skulpturen und die originellen Polstermöbel – bekommt der Raum Glamour und sieht kein bisschen nach Girlie aus.

KIRSCHBLÜTE BIS FUCHSIE FARBMUSTER

Ein zart rosafarbener Sandstein (7) ist ein hinreißendes Fußbodenmaterial für einen Raum in Rosa, weil er bar jeder mädchenhaften Niedlichkeit ist. Ebenso effektvoll ist ein langfloriger Wollteppich in einem warmen Beige (5), während ein Teppich in kräftigem Rosa (2) lebhafter wirkt. Der knubbelige Tweed von de le Cuona (10) eignet sich für fast alle Zwecke, entweder solo, in Kombination mit dem cremefarbenen Tweed mit rosa Knötchen (6) oder mit dem Stoff in kräftigem Himbeerrot (8). Diese Tweeds strahlen viel Eleganz aus. Schlichtes Leinen (4) und Streifenstoff (1) könnte man in einem eher klassischen Raum verwenden, dazu vielleicht traditionellen Leinen-Toile in Rosa (3), der elegant und emanzipiert wirkt. Wer es zarter und femininer mag, könnte rosa-weiß gestreiften Voile (9) oder cremefarbene Seide mit zierlich-mädchenhafter Rosenstickerei (11) einsetzen.

In Streifenmustern macht Rosa sich besonders gut. Ein Raffhalter mit Fransen würde gut zu diesem Vorhang passen.

Designer Stephen Falcke hat überall in diesem Johannesburger Haus aus den 1940er-Jahren Rottöne eingesetzt. Die Farbe Rot verbindet die unkonventionelle Sammlung von Elementen aus Afrika, der Toskana und der Provence (den Lieblings-Urlaubszielen der Besitzer) zu einem harmonischen, neutralen Ganzen. Überall taucht rotes Leinen auf, gelegentlich aufgelockert mit Streifen, Karos und Ethnomustern.

KLATSCHMOHN

KIRSCHE

RHABARBER

PREISELBEERE

ROTE GRÜTZE

PREISELBEERE BIS RHABARBER

SANGRIA

Viele Rottöne werden vorzugsweise als Akzentfarben eingesetzt, weil sie sich so gut mit Erdtönen, aber auch mit allen Grautönen vertragen. Gewagt scheint es, einen ganzen Raum in intensiven Rottönen zu gestalten. Tatsächlich kann man aber die Farben von Cranberries, Erdbeeren und Mohn wunderbar Ton in Ton kombinieren. Man braucht dazu etwas Selbstbewusstsein und Geschick im Zusammenstellen von Farbtönen und Texturen.

ERDBEERE

PREISELBEERE BIS RHABARBER

Rot Ton in Ton für ein lebendiges Zuhause

BEIM EINRICHTEN EINES RAUMS ganz in Rot ist etwas Überlegung und Planung nötig, um sicher zu gehen, dass das Ergebnis nicht erdrückend oder primitiv wirkt. Die harmonische Wirkung in dem einladenden Haus in Johannesburg beruht darauf, dass Stephen Falcke bestimmte Rottöne, die sich gut miteinander vertragen, durchgehend im ganzen Haus verwendet hat.

Falcke hatte schon früher für diese Klienten in einem Vorort von Johannesburg ein großes Haus mit hohen Decken im provençalischen Stil gestaltet. Dieses neue Haus aus den 1940er-Jahren ist viel kleiner, hat zum Hof hin einen Anbau und unterschied sich optisch und atmosphärisch grundlegend vom ersten Haus. Falcke nahm die Herausforderung an, sodass die geringe Größe und der Anbau nicht als Mangel erscheinen, sondern als Vorzug.

Möbel und Accessoires sind bunt zusammengewürfelt, wirken aber durch das einheitlich Farbschema und die warmen, ruhigen Naturmaterialien dennoch wie aus einem Guss. Der Fußboden besteht teils aus hellem Holz, teilweise aus schmalen Klinkern, die im Fischgratverbund verlegt, poliert und gewachst sind.

OBEN In der Diele des einladenden Hauses in Rot steht eine Polsterbank mit einer Sammlung von Kissen in unterschiedlich gemusterten Stoffen.

LINKS Überall im Haus hängen Vorhänge aus einfachem, rotem Canvas. Das Bett ist auf Wunsch der Bewohner ganz mit weißem Leinen ausgestattet, nur über dem Fußende liegt eine rote Paisleydecke. Der Kristallkronleuchter ist ein unerwartetes Accessoire, doch gerade solche Stücke geben Räumen Charakter. Die alten, geschliffenen und polierten Bodendielen wirken angenehm warm.

RECHTS Der Geweih-Kronleuchter hing im vorigen Haus der Klienten, das höhere Decken hatte. Falcke fand einen Gartentisch, den er abbeizen, wachsen und polieren ließ und als ausdrucksstarken Blickfang direkt unter den Leuchter stellte. Auf dem Tisch steht eine Holztiersammlung aus Afrika. Die Möbelmischung ist eklektisch: ein französisches Ruhebett, ein Stuhl mit einem nigerianischen Perlenstoff, ein asiatischer Paravent, eine westafrikanische Maske und ein geflochtener Beistelltisch aus Zimbabwe. Doch in diesem behaglichen Raum vertragen sich alle Elemente gut miteinander.

PREISELBEERE BIS RHABARBER

In Johannesburg sind nur in wenigen Monaten die Abende zu kühl, um im Freien zu sitzen, darum haben viele Häuser großzügige überdachte Veranden, auf denen man tags und abends sitzen, essen und oft auch kochen kann. Der Backsteinboden ist sehr attraktiv und preiswert, und mit ein paar Läufern wird er warm und gemütlich. Die versiegelten Steine schimmern in einem warmen, erdigen Rotton, der perfekt zu den roten Möbeln passt. Die roten Canvas-Vorhänge können an kühleren Abenden einfach zugezogen werden. Der Sessel ist mit einem großen, rotweißen Vichykaro bezogen, das französische Ruhebett mit rotem Canvas. Dazu hat Falcke afrikanische Hocker und Tische aus Holz gestellt.

Um fließende Übergänge zwischen den Bereichen des Hauses zu schaffen, hat Falcke überall den gleichen roten Canvas für Vorhänge und Möbelbezüge eingesetzt. Hier und da lockern rot-weiße Muster das Bild auf – mal Streifen, mal Karos, mal Ethnodrucke.

In diesem Haus ist gut zu erkennen, dass auch dominante Farben sich gut für große Möbelstücke eignen. Obwohl man es sich vor einigen Jahren nicht vorstellen konnte, sind rote Sofas beispielsweise groß im Kommen. Wer auf Rot setzt, sollte allerdings mit großer Geste gestalten und auf die Proportionen achten. Rot fällt immer auf – dann sollte es unbedingt positiv auffallen.

Kürzlich habe ich eine Bibliothek gesehen, deren Wände mit Quadraten aus rotem Leder verkleidet waren. Es war ein perfekter Hintergrund für alle anderen Elemente im Raum, ausgesprochen maskulin, aber sehr stilvoll.

RÄUME IN ROT TOP TIPPS

- Stephen Falcke sagt: »Um Rot zu wählen, braucht man entweder viel oder gar keinen Mut. Rot hat eine Leuchtkraft, die anderen Farben fehlt. Lebensmittel sehen in einem roten Esszimmer besonders appetitlich aus.«
- Kombinieren Sie Rot mit nur einer oder zwei anderen Farben, etwa Schwarz, Grau oder Elfenbein für einen eleganten Stil oder Stein, Taupe und Kaffee für ein wärmeres, ländliches Ambiente.
- Setzen Sie rote Accessoires, etwa Blumen, Glas oder Keramik, als Farbakzente ein.

PREISELBEERE BIS RHABARBER FARBMUSTER

Bei dieser lebendigen, strahlenden Palette kann ich Stephen Falcke nur beipflichten: Gehen Sie aufs Ganze! Hier habe ich eine Auswahl von herrlichen Stoffen in intensiven Rottönen und verschiedensten Texturen und Mustern zusammengestellt. Der Star der Kollektion ist die edle Seide mit dem Gittermuster in einem Bindfadenbeige (11). Schön sind auch der unregelmäßige, weichere Streifen in Rosa und Rot (2), das dunkelrote Ledergeflecht (12) und das karminrote Ponyfellimitat (1) mit seiner tollen, ungewöhnlichen Textur. Das Fischgrat-Wollgewebe (4) und das grobe Leinen (13 und 15) in verschiedenen Rottönen passen gut zu den groben Texturen des Sisal-Bodenbelags mit dem Fischgratmuster (3 und 8), den man mit einem extragroben Leinen (6) einfassen könnte. Andere geeignete Bodenbeläge wären hell cremefarbener Sandstein (9) oder Eichendielen in einem warmen Mittelbraun (5). Der rote Paisley auf cremefarbenem Grund (10), das edle Stickereimotiv (14), der Stoff im Tapisserie-Stil (16) und der konventionelle Tartan aus reiner Schurwolle (7) sind weitere Beispiele für ganz verschiedene Muster, mit denen sich ein rotes Farbschema auflockern und je nach Bedarf immer wieder neu variieren lässt.

WEISSHERBST

AUBERGINE

ROTE BETE

Ein Beispiel für eine gelungene Zusammenstellung verschiedener Stoffe in gleichen Farbtönen. Der auberginefarbene Toile ist ein guter Stimmungsmacher, vor allem, wenn er in Grau oder »angestaubten« Farbtönen gehalten ist. Der Streifen gibt den Sesseln etwas kraftvoll Solides. Vorhänge und Teppich haben den gleichen Steinton wie der Untergrund des Toile. Das Gesamtbild ist interessant, chic und unaufdringlich.

ROTWEIN BIS AUBERGINE

PFLAUME

MAULBEERE

BROMBEERE

TRAUBENSAFT

Diese tiefen, satten Beerentöne aus dem herbstlichen Segment des Rosa-Spektrums sind chic und zeitgemäß, fügen sich gut ein und bilden dabei einen Hintergrund mit aufregendem Charakter. Es sind großartige Farben für Schlafzimmer, die tags für weitere Zwecke genutzt werden. Aber sie eignen sich auch für Essplätze, gemütliche Familienwohnzimmer und Winkel, in denen man sich gemütlich zusammenrollt.

ROTWEIN BIS
AUBERGINE

Edelsteinfarben für den Luxuskokon

KEINE FRAGE: Diese Farben sind heiß! Zuerst tauchten sie auf den Laufstegen auf, und dann dauerte es noch ein Weilchen, bis sie in die Wohnungen einzogen. Sie sind so verführerisch wie ihre Namen: Brombeere, Cassis oder Burgunder klingen nach Genuss. Es sind die richtigen Farben für warme, weiche, behagliche, luxuriöse Räume – solange sie mit Stilsicherheit eingesetzt werden. Stellen Sie sich eine Glasschüssel mit verschiedenen Beeren vor, dann haben Sie die Sommervariante dieser Farben vor Augen. Denken Sie an Samt und Seide in diesen tiefen Tönen, und die Stimmung ist wärmer, geborgener.

Diese Farben eignen sich für fantastische Effekte. Ich habe einmal ein Esszimmer mit einer Wandbespannung aus dunkel auberginefarbenem Stoff gesehen, das mit cremefarben lackierten Möbeln, Silber und Kristall ausgestattet war – glamourös und sehr souverän! Persönlich mag ich die Beerentöne aber lieber als Akzent statt als Basis für einen ganzen Raum, weil ich finde, dass diese Farben sich besonders gut als Bindeglieder eignen.

Die Beispiele beweisen, dass auch hinreißende Ergebnisse möglich sind, wenn man aus dem Vollen schöpft. Gerade bei dieser Palette ist die Gefahr aber groß, den idealen, perfekt passenden Ton um eine Nuance zu verfehlen und so unabsichtlich eine erstickend düstere, viktorianische Atmosphäre zu kreieren. Lassen Sie lieber Vorsicht walten, oder ziehen Sie einen Fachmann zu Rate! Wie immer sollten Sie Farb- und Stoffmuster bei verschiedenen Lichtverhältnissen und an unterschiedlichen Stellen im Raum begutachten und vergleichen. Manchmal ist es nur eine Nuance, die den entscheidenden Unterschied macht.

Unter den Textilien haben die gewaschenen Samtqualitäten von Andrew Martin mehr Leuchtkraft als herkömmliche Samtstoffe. Beerentöne kommen auch auf kurzflorigem Velours gut heraus. Sie könnten ein Stonewashed-Leinen von de le Cuona probieren, oder

OBEN Louise Bradley spielt auf Sessel, Kissen, Ablage und Gläsern mit verschiedenen Auberginetönen, die gut miteinander harmonieren und warm und ruhig wirken.

RECHTE SEITE Dieses Schlafzimmer mit Bad und Ankleidebereich hat Gérard Faivre auf der Galerie seiner Wohnung in Paris eingerichtet. Die Räume im Erdgeschoss sind in Grautönen gehalten, hier setzt er auf Kontrast. Vor den Wänden in blassem Aubergine heben sich das dunkel beerenrote Kopfteil sowie die rote Bettdecke ab. Die goldfarbene Leuchte von Philippe Starck steuert etwas Glanz bei.

ROTWEIN BIS AUBERGINE

Noch einmal der auberginefarbene Toile im Soho Hotel in London (siehe Seite 132). Das Muster der Wände kehrt auf der Bettdecke wieder und passt gut zu der blütenweißen Leinenbettwäsche und der schlichten Kommode im gustavianischen Stil. Die Grundfarben des Toiles wiederholen sich auf dem Kopfteil, in den hellen Vorhängen und auf dem Teppich. In dieser Kombination wirkt der Toile zart und feminin. In Verbindung mit Streifen hat er eine maskulinere Ausstrahlung.

auch Wildleder oder Wildlederimitat. Seien Sie mutig! Toile de Jouy gibt es mit alten und neuen Motiven in allen denkbaren Farben, darunter auch die ganze Palette der Rosa- und Beerentöne. Einige Innenarchitekten verwenden Toiles oder Tapeten mit Toiledruck für Wände und Decken, was ungemein elegant aussieht. Sie können konsequent in einem Farbspektrum bleiben oder Toile mit Streifen und Karos in den gleichen Farben und einem creme- und himbeerfarbenen Teppich kombinieren. Auch freche Kontraste sind denkbar, ich bevorzuge allerdings die Ton-in-Ton-Lösung.

Nina Campbell setzt auf amethystfarbenes Glas als Akzent, ich selbst verwende zu diesen Farben gern Metallkronleuchter mit Rostfinish. Natürlich passen auch Accessoires aus Kristall und Silber sehr gut. Und wer die Ausstrahlung von ehrwürdigem Luxus verstärken möchte, kombiniert mit hellgrauem oder elefantengrauem Wildleder.

STYLING-TIPPS FÜR SCHLAFZIMMER

- Das Farbschema im Schlafzimmer soll nicht anregen, sondern entspannen. Kräftige Beerentöne strahlen im Schlafzimmer Behaglichkeit und Intimität aus.
- Nachttischleuchten mit großen Schirmen taugen nicht zum Lesen im Bett. Praktischer sind schlichte, elegante Edelstahl- oder Messing-Stehleuchten, deren Lichtstrahl man exakt auf die Lektüre richten kann.
- Anstelle einer traditionellen Tagesdecke, die man jeden Morgen auflegen und abends wieder abnehmen muss, können auch schöne Bettwäsche und Decken aus Wolle, Kaschmir oder Alpaka für Farbe sorgen. Wer Muster mag, ist mit einem hellen Toile gut beraten.
- Ein bequemer Sessel neben dem Bett erleichtert das Umziehen.

ROTWEIN BIS AUBERGINE FARBMUSTER

Dieses ungewöhnliche Farbschema kann sehr effektvoll sein, wenn die Mischung der Stoffe und Farbtöne stimmt. Für einen dezenten Fußboden empfehlen sich gekälkte Eiche (7) oder Natursteinplatten in der Farbe feuchten Sandes (14), während ausdrucksstark geäderter Marmor (3) ein echter Hingucker ist. Bei den Stoffen ist das Angebot an Gewichten und Qualitäten groß: von Seidensamt (9) und weichem Kaschmir (15) über Leinen (6) und gecrashtem Seidentaft (8) bis zu duftiger Seide mit Pailletten (12) oder einem ungewöhnlichen, perforierten Seidenstoff (11), eine recht originelle Zutat. Auch der vielseitige Leopard (13) hat hier wieder seinen Auftritt, ebenso Straußenlederimitat (10), das in tiefdunklem Aubergine fantastisch aussieht. Generell bin ich kein großer Fan von Mustern, doch diese Blumen auf Seide (2) bereichern das Farbschema um interessante Nuancen. Mit gefällt auch das graue Leinen mit matt auberginefarbenem Paisley (5), das fast wie ein Toile wirkt. Die beiden Streifen in unterschiedlicher Breite (1 und 4) könnte man gut zusammen verwenden.

Akzente zu Rosa

TRADITIONELL VERWENDET MAN die kräftigen Pink- und Fuchsiatöne als Akzentfarben und nicht als Basis. Philip Treacy beweist mit dem Pink Salon im G Hotel (siehe gegenüber und Seite 124), dass diese Regeln auch Ausnahmen erlaubt. Grau, Weiß und Silber werden durch Akzente in Pink aufgewertet, doch auch das Gegenteil ist praktikabel. Die zarteren Rosatöne kann man im klassischen Stil mit Weiß und Creme kombinieren, viel witziger sieht es aber aus, wenn man Akzente in Limettengrün oder kräftigem Türkis verwendet. Wer es ganz ruhig mag, kombiniert nur innerhalb des Farbspektrums und sorgt durch Texturen für Abwechslung. Aubergine bildet eine Ausnahme, weil sie solo ebenso eindrucksvoll aussieht wie in Kombination mit fast allen anderen Farben.

MAGENTA & SCHOKOLADE

Jamie Drake hat das Sofa in seinem Wohnzimmer in Manhattan mit schokoladenbraunem Stoff beziehen lassen und für die Sessel und Sofakissen Magenta gewählt. Silberne Accessoires kühlen diese heiße Farbkombination etwas ab.

ZYKLAM & GOLDGELB

Man möchte diese Wand im G Hotel für zyklam halten. Tatsächlich wurde sie von David Bartlett mit glänzendem Metall verkleidet, in dem sich lediglich der Zyklamton der umliegenden Wände spiegelt. Auch der transparente Tisch lässt den Hintergrund durchscheinen, sodass der gesamte Bereich die Farbe von Alpenveilchen bekommt – abgesehen von dem goldgelben Sessel. Wie so oft bilden die Blumen das i-Tüpfelchen: eine Hommage an die Basisfarbe in Form einer stämmigen Glasvase mit Päonien.

AUBERGINE & WEISS

In der Kombination mit frisch-weißer Bettwäsche wirkt das dunkle, satte Aubergine sanft und damenhaft. Die gesteppten Zierkissen sind eine luxuriöse und stilvolle Dekoration.

Hell- und Dunkelgrau

Limette

Türkis

Mais

Fuchsie

Muskat

SONNENFARBEN • Sand Stroh Pfirsichsorbet Mais Safran Sonnenblume Ocker Topas Puderrouge Paprika Tomatensalsa Gebrannte Siena Chili Terrakotta Bronze Melone Granatapfel Orangenmarmelade Sonnenschein Stroh Sonnengetrocknete Tomaten Kürbis Koralle Bernstein Champagner Mandarine Gerste Butterblume Kerzenlicht Schlüsselblume Apfelsine Ziegelstein Parmesan Mango Weizenfeld Grapefruit Getreide

Diese prächtigen Farben lassen Räume vor Wärme und Licht leuchten, als schiene immerzu die Sonne. Sie vermitteln heitere Stimmung am Morgen und verbreiten am Abend heimelige Gemütlichkeit. Es sind die Farben, die an sonnengewärmte Erde im Süden erinnern – an die Wüsten Afrikas, an verwinkelte toskanische Städtchen oder den aufgeheizten Boden einer Terrasse am Mittelmeer.

Jamie Drake hat dieses sonnige Gästezimmer entworfen, das freundlich, warm und einladend wirkt. Die Wände haben einen hellen Mandarinenton, das Sofa ist mit einem dunkleren, bräunlich-orangefarbenen Samt bezogen. Ein fröhlicher Streifenstoff möbelt den alten Sessel mit passendem Hocker auf. Streifen sind ideal als optisches Bindeglied.

SAND BIS OCKER

SAFRAN

OCKER

Ein sonniges Wohnzimmer im französischen Stil, das durch die verschiedenen Oberflächen lebt. Die Grundfarbe ist recht einheitlich, doch es bestehen Kontraste zwischen Naturfaserboden und Stein, Seidendamast und abgewetztem Holz der Sessel, kalkigmatten Wänden und glänzend lackierten Möbeln. Nur die dunkelbraunen Balken stellen farblich eine Struktur vor, die sich gut ins Gesamtbild einfügt.

MAIS

SAND

SONNENBLUME

PFIRSICHSORBET

STROH

Diese hellen, gelblichen Farben sind reiner Sonnenschein in Farbdosen. Sie bringen Licht und Wärme in jeden Raum. Die sanften Töne von Mais, Heu und Stroh sind gestalterisch leicht einzusetzen und bieten sich vor allem als Hintergrundfarben an, die mit Kontrastfarben oder dunkleren Tönen kombiniert werden. Sie eignen sich gut für große Flächen wie Wände, Fußboden oder Vorhänge, die sie dezent zum Strahlen bringen.

SAND BIS
OCKER

Sonne bei jedem Wetter

DIE ZARTEN SONNENFARBEN gehören in gestalterischer Hinsicht zu den unkompliziertesten Neutralfarben, weil sie nicht nur mit den dunkleren Tönen ihrer eigenen Farbfamilie harmonieren, sondern auch zu den meisten anderen Neutralfarben gut passen. Ihr besonderer Wert besteht darin, dass sie in jedem Raum eine sonnig-warme, freundliche Atmosphäre schaffen.

Traditionell werden diese sonnigen Farben gern mit Rohweiß und Creme, mit Erd- und Gewürzfarben wie Zimt und Ingwer oder mit warmen Winterfarben wie Kaffee und Schokolade kombiniert. Wer mutiger ist, könnte auch einmal Mais und Lavendel ausprobieren, ein Gespann, das reizvoll aussieht und dabei angenehm unaufdringlich bleibt. Großkatzen mit gelbstichiger Fellfarbe – Leopard, Gepard und Tiger – geben Impulse für witzige Akzente. Außerdem passen weiß gestrichene Möbel und helle Hölzer, beispielsweise Obstbaumholz, gut zu dieser Palette.

Großflächig auf Wänden, Fußböden oder Polstermöbeln eingesetzt, bilden die zarten Gelbtöne einen ruhigen, heiteren Hintergrund im Schlafzimmer, der Küche oder dem Bad. Im Tonwert harmonieren sie gut mit interessanten Naturböden, die sich in Küche und Bad als praktisch erweisen. Besonders stimmungsvoll wirken solche Fußböden zu Waschbecken und Wannen aus Naturstein und Wänden, deren Farbe mit

echtem Ockerpigment getönt ist. Wer diese neutralen Sonnenfarben als Basis der Raumgestaltung wählt, kann sich nach Herzenslust mit farbigen Stoffen in vielen Mustern wie Paisley, Toile, Streifen, Karos oder Blumen in etwas dunkleren Tönen austoben – oder sich für Kontrastfarben entscheiden. Solche Kombinationen können auf Polstermöbeln, Kissen oder Vorhängen sehr effektvoll sein. Ideal für dieses Farbschema ist beispielsweise eine Tapeten- und Stoffkollektion von Carleton V, die auch »Negativ-Toiles« umfasst. Dieser Umkehreffekt, bei dem die kräftigere Farbe den Hintergrund des Musters bildet, wirkt erstaunlich zurückhaltend. Tapeten und Vorhänge mit einem Päonienmuster in zartem Buttergelb könnten einen perfekten, heiteren Hintergrund für einen Raum in diesen Farben bilden.

LINKE SEITE Das französische Schlittenbett hat einen prächtigen Himmel aus seidigen, goldfarbenen Vorhängen, deren Ton exakt auf die Wandfarbe abgestimmt ist. Für die Kissen wurden antike, gemusterte Stoffe in warmem Ocker und blassem Pfirsichrosa verwendet. Selbst die Tulpen auf dem Tisch harmonieren mit den Farben des Raums.

MITTE Designer Frank Faulkner hat für die Wände ein helles Maisgelb verwendet. So ungewöhnlich die Farbe für ein Wohnzimmer sein mag, so frisch und sommerlich wirkt sie in Kombination mit den weiß gestrichenen Holzelementen und den weißen Polstermöbeln.

OBEN Das schlichte Schlafzimmer in einem Jagdhäuschen im südfranzösischen Périgord ist in den für diese Gegend typischen Gelbtönen gehalten. Die Farben vertragen sich gut mit den Holztönen von Decke, Boden und Bettgestell und simulieren in diesem Zimmer ganzjährig Sonne.

LINKS Elegant, aber sehr gemütlich ist dieses Wohnzimmer von Nancy Braithwaite mit warmen Goldtönen und schwarzen Akzenten, die gut zu den dunklen Holzmöbeln passen. An den Fenstern wechseln weich fallende Vorhänge in Gold und Schwarz miteinander ab, die goldfarbenen Sessel haben schwarze Paspeln.

UNTEN Durch die satten Goldgelbtöne wirkt dieses Schlafzimmer warm und sonnig. Die Vorhänge sind etwas dunkler als die Polstermöbel und die Wände, damit der Raum nicht zu monochrom wirkt. Teppiche mit Raubkatzenmuster sorgen für modernen Chic.

WOHNEN IN GELB TOP TIPPS

- Sumien Brink, Herausgeberin der in Kapstadt erscheinenden Zeitschrift »Visi«, bezeichnet Sonnengelb als Gute-Laune-Farbe. Es ist fröhlich, freundlich, offen und extrovertiert und steht für Zuversicht.
- Gelb kann mit harmonischen und kontrastierenden Farben gleichermaßen gut kombiniert werden.
- Gelb regt die Gehirntätigkeit an und macht die Menschen zugänglich, entscheidungsfreudig und wach. Weil es obendrein die Konzentration fördert, ist es die optimale Farbe für das Arbeitszimmer.
- Warmes, einladendes Gelb eignet sich ebenso für Innen- wie für Außenräume. Zu grelles Gelb kann aber nervös machen. Günstiger sind die Butter- oder Ocker-Nuancen.

SAND BIS OCKER FARBMUSTER

Hier sehen Sie eine Auswahl harmonischer Materialien für Räume in Sonnengelb. Sie haben die Wahl zwischen kirschbaumfarbig gebeizten Eichendielen (2), Naturstein in warmem Sandbeige (12), maisfarbenem Teppich (1) oder Streifenläufern (3), die mir in Fluren und auf Treppen gut gefallen. Auch ein robuster Sisalteppich mit einer sandfarbenen Gewebeeinfassung (13) passt gut in einen sonnengelben Raum. Leopard (7), Strauß (8) und Leder oder Wildleder (echt oder imitiert) in einem satten Bernsteinton (4) passen gut zu dem Holzfußboden und bestechen durch ihre Texturen. Den dunkelcremefarbenen Tweed (14) könnte man zusammen mit dem Stoff mit den feinen schwarzen und rehbraunen Streifen (6) für Polstermöbel verwenden. Geeignet wäre auch luxuriöse, gewaschene Seidenchenille (9), die im Licht wundervoll schimmert. Der breite Seidenstreifen (10) bietet sich für eindrucksvolle Vorhänge an, während der maisfarbene Stoff mit dem hellen, gestickten Blütendekor (5) und das Baumwollmischgewebe mit dem Blattmuster auf Kissen für Abwechslung sorgen.

Ein farbenfroher und doch neutraler Raum. Für die Wände hat Jamie Drake eine interessante Pergamenttapete von Elizabeth Dowl mit sieben Sonnenfarben von »Cantaloupe« bis »Feuerwehr« gewählt. In den Rollos wiederholen sich die dunkleren Töne der Tapete, das Kissen trägt eine sattere Nuance des rötlichen Terrakottas. Teppich, Sofa, Bilderrahmen und Tisch sorgen für markante Akzente.

PAPRIKA

CHILI

KÜRBIS

GEBRANNTE SIENA

PUDERROUGE

KÜRBIS BIS TERRAKOTTA

TOMATENSALSA

Die dunkleren Farben dieses Spektrums – gebrannte Siena, Ziegelrot und Terrakotta – sind geradezu narrensicher. Denken Sie nur an die herrlichen Töne von Bauten und Landschaft der Toskana. Die helleren, strahlenderen Töne dagegen sind mit Vorsicht zu genießen und werden besser sparsam dosiert. In dieser Farbgruppe gibt es einige tolle Stoffe, beispielsweise Karos, Streifen und Jacquards von Olivier Desforges, die

TERRAKOTTA

Lässige Eleganz mit kräftigen Sonnentönen

SEIT JEHER GEFALLEN MIR DIE FARBEN der Kalkanstriche italienischer Häuser. Sie sind kräftig, aber nicht schrill, neutral, aber nicht langweilig, interessant, aber nicht überdreht. Die dunkleren, »angestaubten« Töne haben überdies den Vorteil, dass man mit ihnen kaum etwas falsch machen kann, solange man hochwertige Materialien verwendet. Die intensiven Töne von Granatapfel, Chili, Mandarine und Honigmelone erfordern etwas mehr Feingefühl und eignen sich meiner Meinung nach besser für heiße Ländern, in denen die Sonne die Farben etwas ausbleicht. Im kühleren Licht nördlicher Länder wirken sie leicht allzu dominant. Jamie Drake besitzt ein ungewöhnliches Farbgefühl und zeigt, wie ein Raum in diesen Farben ungemein reizvoll und dabei doch neutral wirken kann (siehe Seite 148).

RECHTS In diesem eleganten Esszimmer bilden cremefarbene Wände, der Steinkamin, ein Holztisch und hohe Metallleuchter die ruhige Szenerie für Stühle, Tischläufer und Servietten in Ziegelrot. Paisleys dienen als optisches Bindeglied. Bernie de le Cuona schätzt diese gepflegte, aber zwanglose Art der Tischdekoration. Im Herbst legt sie eine gefaltete Decke längs auf den Tisch und stellt die Teller direkt auf das Holz. Schlichtes Besteck und große Gläser mit Goldrand runden das Bild ab, während die Holzschale mit Äpfeln die rustikale Atmosphäre verstärkt.

LINKS UND UNTEN
Für diese Suite im Soho Hotel hat Kit Kemp einen relativ sanften Paprikaton mit weißen Fuß- und Deckenleisten kombiniert. Die unkonventionelle Wandfarbe bildet einen überzeugenden Hintergrund zu dem modernen Stoff der Polsterbezüge in hellem Sandbeige mit schiefergrauen und cremefarbenen Streifen. Die Farbkombination der Kissen bringt Wand und Möbel in Einklang. Dass der Raum so modern wirkt, liegt auch an den geradlinigen Möbeln aus hellem Holz, die besser zu diesem Stil passen als dunkles Mahagoni. Der Kuhfellteppich im Sitzbereich sorgt für Pepp, während die dunklen Töne von Rahmen, Leuchten und Ecktisch, die mit dem schieferfarbenen Streifen korrespondieren, dem Raum Profil geben.

Die intensiveren Töne von Kürbis bis Terrakotta sind normalerweise zu leuchtstark, um noch als neutral zu gelten. Farben wie Paprika oder Chili wirken anregend, aber nicht beruhigend, darum passen sie meiner Meinung nach am besten in Räume mit geselliger Funktion wie Wohn- und Esszimmer. Die zarteren Töne von toskanischen Mauern oder rotem Sekt dagegen vermitteln eine warme Ruhe, die auch sinnlichen Schlafzimmern gut steht. Rosttöne wie gebrannte Siena und Terrakotta – vor allem in Verbindung mit fülligen Stoffen – wärmen im Winter und bieten sich für rustikale Interieurs mit dunklem Holz und Natur-

stein an. Die helleren Töne sind zwar ebenso einladend und behaglich, verbreiten dabei aber eine frische Sommerstimmung. Sie sehen, die gestalterische Bandbreite ist groß, und wie immer spielt die Wahl der Stoffe und Akzente für die Raumwirkung eine tragende Rolle.

Früher galt Terrakotta als die Italienfarbe schlechthin, heute zählt sie weltweit zu den beliebtesten Neutralfarben, weil sie neben sonniger Wärme auch immer eine Prise italienischen Charme ausstrahlt. Es ist eine subtile Farbe, die sich anpassen oder betonen kann und die sich als Hintergrund mit vielen verschiedenen Akzentfarben bestens verträgt. Suchen Sie einmal einen Ton, der Sie wirklich anspricht, vielleicht in einem alten, verblichenen Teppich oder einer Fliesenscherbe. Und dann versuchen Sie, diese Farbwirkung in Ihrem Interieur umzusetzen. Eine Küche in sonnigem Terrakotta mit reichlich gelbstichigem Holz ist beispielsweise eine willkommene Abwechslung zu dem omnipräsenten Edelstahl.

Gebrannte Siena ist eine weitere Farbe, die sich als Basis wie als Akzent gleichermaßen eignet. Wer sie als Grundfarbe verwenden will, muss aber – wie bei Burgunderrot und Aubergine – exakt den richtigen Ton finden. Mir gefallen die rotstichigen Varianten sehr gut, vor allem zusammen mit Walnussholz, Messing-

RECHTS In dem Esszimmer aus dem 19. Jahrhundert hat Frank Faulkner die Wände in Schwammtechnik in einem satten Korallenrot gestaltet. Vor der gewagten Farbe heben sich die Decke, die Holzprofile und die eleganten Queen-Anne-Stühle schneeweiß ab. Auch der helle Boden ist in Schwammtechnik dekoriert und mit einem aufgemalten Raster versehen, um Natursteinplatten anzudeuten.

RECHTE SEITE Die Designer Coorengel und Calvagrac laden mit dieser Farbgestaltung in die napoleonische Ära ein. Die Wandfarbe ist »Clair de Lune« von Ressource, die Seidenvorhänge stammen von Jim Thompson und auf dem antiken Bett mit Mäanderborte verbreitet eine Felldecke Glamour. Objekte und Bilder sind mit Sorgfalt gewählt, wirken aber, als stünden sie ganz zufällig da. Mir gefällt die schwarz-weiß geäderte Marmorurne gut. Als Akzentfarbe bleibt Schwarz genial.

beschlägen und viel Schwarz und Silber. Als Akzentfarbe ist gebrannte Siena fast so effektvoll wie Limettengrün. Perfekte Kombipartner zu gebrannter Siena sind die bewährten Creme- und Kaffeetöne, doch tatsächlich verträgt gebrannte Siena sich auch mit vielen anderen Farben gut.

Die kräftigen Sonnenfarben mit all ihren Variationen in Tonwert und Schattierung harmonieren sehr gut mit Naturmaterialien wie Stein, Schiefer, Backstein und Holz, von trendigen Tierfellmustern ganz zu schweigen. Seit Beginn des 21. Jahrhunderts kennen wir viele fantastische Steinmaterialien, die zum Bauen und Dekorieren verwendet werden können.

DUNKLE SONNENTÖNE TOP TIPPS

- Sumien Brink empfiehlt freundliches Braunorange und Terrakotta für die Küche. Diese Farben wirken anregend, fördern die Kreativität und die Gesprächsbereitschaft.
- Satte Rottöne vermitteln Energie und regen an. Sie eignen sich für Kinderzimmer, Küche, Eingangsbereich und Esszimmer. Sparsam eingesetzt, beispielsweise auf einer einzelnen Wand, kann tiefes Rot auch dramatisch, opulent und sinnlich wirken.

Dieses sachliche Wohnzimmer mit der großen Kalligraphie als Blickfang hat unverkennbar asiatisches Flair. Das Bild gab den Impuls für die Gestaltung des Raums in Schwarz, Weiß und Tomatenrot, durch die der kantige Charakter des dunklen Tisches und der L-förmigen Sitzlandschaft bewusst betont wird. Auch die schwarzweiß gestreiften Kissen und die waagerechte Anordnung der Farbflächen auf dem Sofa unterstreichen den grafischen Charakter des Raums.

KÜRBIS BIS TERRAKOTTA FARBMUSTER

Ich bevorzuge zwar Unis, doch hier und da ein Streifen (7 und 5) oder ein Ton-in-Ton-Muster wie Paisley (2 und 13) können in kleinen Dosen durchaus effektvoll sein. Selbst plakative zweifarbige Muster (14) können gut aussehen, wenn man sie sparsam einsetzt und Ausgleich durch reichlich Unis in verschiedenen Texturen schafft, etwa weiches Wildleder (1) oder samtige Stoffe (4 und 9). Der breite Seidenstreifen mit den herrlichen Violett- und Pinktönen (5) wäre gut als Vorhang an einem großen Fenster geeignet, weil das Muster Platz »zum Atmen« braucht. Der schmalere Streifen (7) ist ideal für Polster- oder Kissenbezüge. Ich mag auch Leder und Straußenleder (12), das besonders interessante Muster und Strukturen aufweist. Für den Fußboden empfehle ich Naturstein (8) oder kupferfarbenen Bambus (10). Möglich wäre auch Sisal in einem Rostton (3), vielleicht mit einer Einfassung im Fischgratmuster (11), oder ein terrakottafarbener Wollteppich mit kurzem Flor (6).

Akzente zu Sonne

WIE SO OFT EIGNEN SICH AUCH diese Farben aus der Natur sehr gut für die Wohnung – als Basisfarben wie auch als Akzent. Von Innenarchitekten hört man immer wieder, dass man beim Dekorieren mit Naturfarben nichts falsch machen kann. Da ist es nicht verwunderlich, dass Schiefer, Kaffee, Terrakotta, Mais und Paprika so gern als Akzentfarben gewählt werden. Kaffee, Anthrazit und dunkles Terrakotta strahlen Wärme aus und eignen sich besonders für den Winter. Wer es im Sommer frischer mag, könnte hellere Töne wie Weiß, Mais, Mandarine und Pfirsich wählen.

Denken Sie daran, dass auch Blumen und Obst sich als Akzente für jeden Raum gut eignen. Ob große Vasen mit Sonnenblumen, Mimosen oder Papageientulpen, eine große Schale roter Äpfel oder ein Korb voller Zitronen – Hauptsache üppig.

Kaffeebohnen
Weide
Terrakotta

Gebürstetes Aluminium
Schiefer
Ebenholz

SAND, SONNENBLUME, TERRAKOTTA & SALBEI

Bei diesem Bild denkt man an einen Sonnentag in Südfrankreich. Der Raum ist angefüllt mit einer Mischung sanfter Sonnenfarben mit Holz und Details in Salbeigrün. Die regionaltypischen gelben Teller, die Sonnenblumen und die gelben Rollos mit terrakottafarbenen Querbehängen bilden freundliche Akzente zu den sandfarbenen Wänden und den warmen Holztönen.

ZIEGELROT & KAFFEE

Ziegelrot ist vor allem im Winter eine schöne Akzentfarbe zu allen Sonnentönen vom hellsten Sandgelb bis zu Terrakotta. Die Leinenservietten geben dem schlichten, braunen Holztisch Wärme und Pepp.

PARMESAN, SCHIEFER & BINDFADEN

ERDE UND GEWÜRZE • Kamel Milchkaffee Schwarzbrot Malzmilch Trüffelpraline Champignon Maulwurf Ingwer Rohzucker Cognac Dijon-Senf Mokka Karamell Zimt Toffee Sattelbraun Lebkuchen Rübensirup Kaffeebohnen Schokolade Whisky Honig Sahnebonbon Roggenbrot Cappuccino Gebrannte Mandeln Toast Marone Taupe Ecru Steinpilz Muskat Schlamm Rehbraun Haselnuss Schildpatt Bast Kakao Rosskastanie Erdnussschale Steingut

Wie die Neutralfarben im Kapitel über »Rohweiß« sind auch die Erd- und Gewürztöne sehr unkomplizierte Wohnfarben. Mit diesen warmen Tönen von Hölzern und Naturfasern kann man beim Dekorieren kaum gravierende Fehler machen. Ihr Nachteil ist allerdings, dass Räume in diesen Farben leicht fade wirken. Es kommt also darauf an, wie man sie einsetzt.

Clodagh hat diese Küche in einem Loft in Manhattan in einer warmen, einladenden Mischung vieler Erd- und Gewürzfarben gestaltet. Für Küchenelemente und Arbeitsflächen, Fußboden, Bank und Tisch hat sie verschiedene Hölzer gewählt, die sich bestens miteinander vertragen. Dies ist ein behaglicher Raum, in dem es sich gut kochen und plaudern lässt.

KAMEL

ROGGENBROT

Diese Loftwohnung wirkt wohnlich, elegant und zweckmäßig. Dafür sorgt die erdige Farbpalette und die Mischung aus Holz und Stoffen in verschiedenen Tönen. Die Polstermöbel in Cappuccino und Creme harmonieren gut mit den Wänden in einem matten Ingwerton. Auf den kantigen, schweren Tischen stehen passende Accessoires. Als Fensterdekoration genügen leichte Rollos aus sogenanntem Käseleinen.

MALZMILCH

TRÜFFELPRALINE

KAMEL BIS MAULWURF

MAULWURF

MILCHKAFFEE

CHAMPIGNON

Diese konventionellen Neutralfarben werden seit jeher verwendet, um klassische Interieurs warm und gemütlich zu gestalten. Heute setzt man sie aber etwas anders ein, weil Chic wieder gefragt ist. Abstufungen von hell bis dunkel, belebt durch unterschiedliche Texturen, machen die Raumgestaltung interessant, und ungewöhnliche Akzente in Limettengrün, Lackrot oder Türkis geben dem Ganzen den gewissen Kick.

RECHTS Vicente Wolf hat in diesem Raum in dunklem Kamel und Mokkacreme helle Polstermöbel quasi als Salz zugesetzt. Blickfang des Raums ist das große, gerundete Sofa, das erst durch den Kontrast zu dem cremeweißen Sessel und der mokkabraunen Ottomane richtig zur Geltung kommt. Messing und Holz runden das Farbspiel ab.

RECHTE SEITE Ein Hafen der Geborgenheit ist Larry Laslos Schlafzimmer, das durch die Karamell- und Milchkaffeetöne weder ausgeprägt maskulin noch feminin wirkt. Das Eisenbett ist eine ungewöhnliche Wahl, bildet aber einen effektvollen Kontrast zur Weichheit von Wolle, Kaschmir und feiner Bettwäsche. Die Felldecke passt im Farbton perfekt und wärmt im Winter. Einen frischeren Akzent setzen die hellen Vorhänge mit kaffeebrauner Einfassung.

Die Farben der Gemütlichkeit

NIMMT MAN ALL DIE HELLEN Kamel-, Kaffee- und Pilzfarben und gibt dazu etwas braunen Zucker und Sahne, erhält man eine elegante, moderne und doch ganz neutrale Palette. Diese harmonischen Grundfarben sind ausgesprochen unproblematisch. Man kann viele verschiedene Farben kombinieren, um einen Raum interessant wirken zu lassen, beispielsweise ein Sofa in Bindfadenbeige, eine Ottomane mit haferflockenfarbenem Tweed, zimtfarbene Wände, ingwer- oder sandfarbene Seidenrollos oder schlichte Rollos aus Leinen, verschiedene Streifen und Unis für Kissen, einen Naturholzfußboden mit einem bastfarbenen Baumwoll- oder Wollläufer. Große Bilder oder Schwarzweißfotos bringen Spannung ins Spiel. Accessoires sollten mit Sorgfalt ausgewählt werden, weil sie den Stil eines Ton in Ton gestalteten Raums entscheidend prägen.

Zu dieser Farbpalette passen natürliche Oberflächen am besten. Die Auswahl an Hölzern, Stein, Granit und Glas, die für Fußböden und Wandverkleidungen genutzt werden kann, war nie größer als heute. Bei geschicktem Einsatz können diese Materialien die Einrichtung sehr bereichern. Auch Corian sollte man in Betracht ziehen. Es ist zwar kein Naturmaterial, ist aber in faszinierenden Farben erhältlich, z. B. Pompeji-Rot, Terra, Sahara und Kakaobraun.

KAMEL BIS MAULWURF

Ein Bad in Erdfarben mit glatt schimmerndem Waschtisch und Spritzwand, Schrankraum und Bank aus Naturholz sowie einem Boden aus Stein in kühlem Blaugrau. Der gleiche Stein taucht auch in der mehrfarbigen Stirnwand auf. Der Kontrast zwischen warmen und kühlen Farben macht dieses ungewöhnliche Bad spannend.

Edle Glaswände – entweder aus Sicherheitsglas, Mosaikfliesen oder Glasbausteinen – wirken zu Erdfarben modern und verblüffend stimmig. Schimmerndes Glas lässt selbst Spritzschutzschilde edel aussehen.

Holz eignet sich für nahezu alle Zwecke, von offenen Balken bis zu Möbeln, von gedrechselten Knäufen bis zu Türen und Fußböden. Wegen seiner vielen Farben und Maserungen bietet es sich zum Lösen der verschiedensten Gestaltungsprobleme förmlich an.

Ich habe kürzlich schmale Terrakotta-Klinker, die man normalerweise für Einfahrten verwendet, als Bodenbelag im Haus gesehen (siehe Seite 11 und 130). Stein ist oft fußkalt, doch diese Ziegel, im Fischgratverbund verlegt und glasiert, wirken warm und behaglich. Warum nicht Leder als Wandverkleidung oder Sicherheitsglas als Küchenarbeitsplatte verwenden? Eisenstühle sehen auch in einer eleganten Einrichtung gut aus und werden mit Kissen richtig bequem.

KAMEL BIS MAULWURF TOP TIPPS

- Dies ist eine Palette für Stadt- und Landwohnungen. Innenarchitekt Jean Larette würde sie überall einsetzen: im Wolkenkratzer aus Stahl und Glas wie im Landhäuschen.
- Die Farben vertragen sich mit Decken von Ralph Lauren ebenso wie mit William-Morris-Blumen oder Baumwollstoffen mit Ethnomuster von Andrew Martin.
- Für ein Strandhaus eignet sich die Palette weniger. Sie ist warm – also ideal für kühleres Klima, in dem man sich am prasselnden Feuer in eine Kaschmirdecke kuscheln möchte.

KAMEL BIS MAULWURF FARBMUSTER

Zu dieser nüchternen, gedämpften Farbpalette passen als Fußboden heller Sandstein (9), haferflockenfarbener Wollteppich (13) oder rustikale Naturfaserbeläge in Dunkelbraun (7) oder Beige (3). Der Bodenbelag sollte nicht zu stark von den übrigen Texturen und Farben abweichen, damit die ruhige, harmonische Atmosphäre gewahrt bleibt. Eine Kombination aus unifarbener Seide in Champignonbeige (2) mit einem breiten Streifen in Creme und Champignon (11) kann allein verwendet werden oder, um mehr Abwechslung zu schaffen, zusammen mit maulwurfbraunem Wildleder (1) und grobem Leinen (14). Der kastanienbraune Samt (8) hat ein interessantes grafisches Muster und einen herrlichen Griff. Auch der Giraffendruck (4) steuert ein grafisches Element bei, ebenso wie das Emuleder in kräftigem Dunkelbraun (12). Beim Gestalten mit dieser Farbpalette muss man darauf achten, dass der Raum nicht zu einfarbig wirkt. Schöne Farbakzente wären der Kaschmir in Enteneierblau (6) oder tiefdunklem Braun (10). Den blauen Kaschmir könnte man auch mit dem strukturierten Streifen (5) kombinieren, um dem Raum etwas mehr Temperament zu verleihen.

Drei verschiedene Texturen – Holz, Stein und Stoff – in ähnlichen, aber doch nicht gleichen Kameltönen ergeben zusammen eine harmonische Kombination.

Die Wände in Eldo Nettos formalem, aber behaglichem Schlafzimmer sind mit edlem Samt in einem warmen Zimtton bespannt, der perfekt mit den Goldtönen des Holzfußbodens und der Möbel harmoniert. Subtile Farbakzente setzen das Passepartout und der Lampenschirm in Blau, das im Blumenmuster eines Chintzstoffes auf der anderen Seite des Raums (im Bild nicht zu sehen) wiederkehrt.

COGNAC

MOKKA

ROHZUCKER

ZIMT

KARAMELL

INGWER BIS ZIMT

INGWER

In den lebhafteren Bereich der Erd- und Gewürzfarben fallen die Töne der exotischen Gewürze Marokkos und Italiens. Diese kräftigen Farben wirken in sonnigen Ländern oder hellen Räumen am besten, sie passen aber auch gut in elegante Stadtwohnungen. Die vielseitigen Farben sehen auf edlen Stoffen toll aus und eignen sich für ungewöhnliche Kombinationen, sind aber etwas schwieriger zu handhaben als andere Farbfamilien.

DIJON-SENF

INGWER
BIS ZIMT

RECHTS Die Wände dieses Schlafzimmers sind mit Quadraten aus ingwerfarbenem Leder bespannt, das sich herrlich weich anfühlt. Alberto Pinto hat dazu einen modernen Teppich gewählt, der gut mit der Wandfarbe, dem rostbraunen Bett und der mokkafarbenen Decke harmoniert. Der auffällige Spiegel stammt von Hervé van der Straeten.

RECHTE SEITE In diesem Raum zeigt Vicente Wolf auch sein Talent, interessante Accessoires auszuwählen, die auf diskrete Weise für Aufsehen sorgen. Die zimtbraunen Sessel haben Besätze aus einem kontrastfarbigen Stoff. Ihnen hat Wolf chinesische Holzstühle mit goldgelben Sitzkissen zur Seite gestellt – ein reizvoller Akzent in diesem Raum in sanften Farben. Der Teppich ist in einem helleren Gewürzton gehalten, am Fenster hängen schlichte Vorhänge aus Seidentaft über transparenten Gardinen.

Scharfe Gewürze für Wohnräume

ICH MAG DIE SATTEN ERDFARBEN, mit denen man in Arizona, New Mexiko und Afrika die Außenwände der Häuser streicht. Sie passen zu modernen Häusern ebenso wie zu gerundeten Lehmbauten und lassen selbst strengste Formen weich aussehen. In Johannesburg habe ich diese Farben und Oberflächen auch im Inneren von Häusern gesehen, wo sie einen stimmigen, geradezu ethnischen Hintergrund für afrikanische Kunst abgeben und auch mit Holz, Eisenmöbeln und Keramik wunderbar harmonieren.

Die kräftigen und gleichzeitig sanften Farben von Stein auf Böden und Wänden verleiht Räumen in diesen »heißen« Gewürzfarben Ruhe und bilden eine ideale Basis für Textilien in den Farben von Ingwer, Kreuzkümmel und Zimt. Stein passt auch deshalb so gut ins Bild, weil er ein Naturmaterial ist und etwas sehr Solides vermittelt. Ohnehin gewinnen Naturmaterialien in der Inneneinrichtung im 21. Jahrhundert zunehmend an Bedeutung. Vor allem in Südafrika und den südlichen USA suchen moderne Designer nach neuen, unkonventionellen Möglichkeiten, verschiedene Steintypen wie Ziegel, Sandstein, Travertin und Schiefer für Bodenbeläge zu kombinieren.

Es gibt aber noch andere herrlich erdige Bau- und Dekorationsmaterialien. In Johannesburg habe ich einen Verputz gesehen, der nach dem Trocknen die Farbe warmer Erde hatte. Sein matter Taupeton war perfekt. Ähnlich wirken auch ehrwürdig alte Bodendielen, Steinplatten oder gewachste Ziegel, die sich vor allem für warme Länder und Wohnbereiche im

Freien empfehlen. Gerade bei gedämpften Erdtönen prägt die Textur den Charakter des Raums.

Ein anderes nahe liegendes Material ist gewachstes Naturholz, dessen Goldton perfekt zu den Farben dieses Spektrums passt. Solide Ledersofas in warmem Ingwerton sehen auf einem karamellfarben schimmernden Holzfußboden mit etwas helleren oder dunkleren Tischen einfach großartig aus. Dazu ein Kuhfell und eine schöne Decke – fertig ist ein moderner, neutraler Look.

Im Schlafzimmer geht der Trend zu mutigeren Farbkombinationen. Viele Innenarchitekten setzen hier Erd- und Gewürzfarben kreativ ein. Gerade in einer Zeit, in der Schlafzimmer nicht nur zum Schlafen, sondern auch zum Lesen, Fernsehen, Lernen oder Musikhören genutzt werden, sind diese Erd- und Gewürzfarben eine gute Wahl, weil sie die Kluft zwischen den verschiedenen Funktionen überbrücken und eine Stimmung schaffen, die beiden gerecht wird.

Als Akzentfarbe kann Bronze sehr edel wirken, wenn sie gekonnt eingesetzt wird. In der Küche könnte man auch Töpfe und Pfannen aus Kupfer verwenden – entweder nagelneue oder Flohmarktfunde, die ungeniert ihre Gebrauchsspuren zeigen.

OBEN Luigi Esposito hat das Pfostenbett aus Thailand mit einem Patchwork-Quilt und einem Berg von Kissen in Herbst- und Gewürzfarben gemütlich gemacht. Die Kissen sind Entwürfe von Katharine Pooley, hergestellt aus antiken Kimonos, die sie auf ihren Reisen gesammelt hat. Zusammen mit den Rollos und den Pagodenlampenschirmen geben sie dem Raum asiatisches Flair. Der Teppich hat einen dezenten Ingwerton, und als Akzent dient ein Wengésessel in Schokoladenbraun.

GEWÜRZFARBEN TOP TIPPS

- Die Antiquitätenhändlerin und Innenarchitektin Diana Sieff setzt auf Luxus.
- Im Arbeitszimmer wäre zimtfarbener, polierter Verputz an den Wänden ein schöner Hintergrund für alte und neue Möbel aus schokoladenbraunem Leder und dunklem Walnussholz. Dazu passen eiserne Wandleuchter, Rollos in Kümmeltönen und ein antiker, persischer Seidenteppich.
- Im Wohnzimmer sollte die Fensterdekoration opulent sein, etwa maulwurfsbraune Samtvorhänge mit Kanten aus mokkabrauner Seide zu Rollos mit breiten Streifen in Ingwer und Karamell. Dazu ein Sofa aus schokoladenbraunem Seidensamt, antike Gobelinkissen und ein alter, verspiegelter Teetisch.

OBEN Der cognacfarbene, geäderte Marmor sieht im Bad viel wärmer aus als nüchternes Weiß. Praktisch und sehr dekorativ ist die Silberschale mit den Naturschwämmen, deren Farben sich sehr gut einfügen.

INGWER BIS ZIMT FARBMUSTER

Diese satten, leuchtenden Farben passen gut zu »erdigen« Bodenbelägen wie ingwerfarbenem, poliertem Stein (7), Sisal in kräftigem Rostbraun (13) oder Bambus in hellem Kamelbeige (8). Wer auf Mustern schreiten mag, könnte für Treppe oder Flur einen Streifen in Gewürzfarben (1) wählen. Zu starken Farben passen ausdrucksvolle Texturen, darum habe ich ingwerfarbenes Leder (5) und Antikleder (10), Seidensamt (3), Chenille (4) und einen transparenten Gardinenstoff (9) ausgesucht. Interessant sind auch der seidige, zimtfarbene Stoff mit Ton-in-Ton-Muster (12) oder der bräunlichorangefarbene Stoff mit heller Stickerei (2).

Verwegene Einrichter könnten auch einen modischen Animal-Print wie dieses Leopardenmuster in Ingwer und Schwarz (11) oder das hübsche, feminine Malvenmuster (6) wählen, dessen Details in Enteneierblau und rosastichigem Braun sehr gut mit dieser Farbpalette durchaus harmonieren.

TOFFEE BIS SCHOKOLADE

Dies sind die Farben einer warmen Höhle, in der man sich an kalten Abenden verkriecht. Man braucht nur wenig von diesen klassischen Winterfarben, um den Wechsel der Jahreszeiten in der Wohnung einzuläuten. Sie passen zu allen Texturen, Materialien und Wohnstilen. Wie immer kommt es aber auf die Art ihres Einsatzes an, ob ein Raum konventionell und langweilig oder interessant und originell wirkt.

Die großen Sitzpolster sind mit schokoladenbraunem Alpaka bezogen. Für die übrigen Möbel wurde die gleiche Farbe gewählt, jedoch andere Nuancen und Materialien: Seidentaft, Samt, Wolle, angeraute Baumwolle, Leder und Kuhfell. Die Wände sind mit grobem Baumwollstoff in einem ähnlichen Ton bespannt, sodass der Raum wie ein Kokon wirkt. Das antike Fenstergitter aus China ist ein lebendiges Detail, das diesen Raum behutsam auflockert.

LEBKUCHEN

SCHOKOLADE

TOFFEE

SATTELLEDER

SCHWARZBROT

RÜBENSIRUP

KAFFEEBOHNEN

RECHTS Larry Laslo hat in diesem eleganten Raum verschiedene warme Braun-, Kamel- und Cappucchinotöne kombiniert. Sofa und Bank haben Bezüge aus schokoladenbraunem Crêpe-Faille, das andere Sofa ist mit kamelfarbenem Mohairsamt mit Lederpaspeln bezogen. Die ungefütterten Kaschmirvorhänge sind direkt unter der schwindelnd hohen Decke angebracht und fallen so weich wie ein Kleid.

Schokolade wärmt das Herz

DIE MODE HAT WARME BRAUNTÖNE ENTDECKT – und auch in der Wohnung halten sie Einzug. In Verbindung mit edlem Schwarz vermitteln locker gewebte, schokoladenbraune Stoffe italienischen Chic, und obwohl es klassische Winterfarben sind, können sie auch in sonnigen Ländern sehr effektvoll sein. Auch in Leder, echtem oder künstlichen Fell und feinem oder grobem Strick ist dies die ideale Palette für den Winter – mit bräunlichem Orange als Akzentfarbe. Je nachdem, wie man sie einsetzt, können dunkle Brauntöne aber auch sommerlich wirken. Schokoladenbraunes Leinen ist eine neutrale Basis, zu der alle anderen Farbgruppen passen. Ich kombiniere es gern mit Ocker, Maisgelb, Terrakotta und all den vielen schönen Stein- und Cremetönen.

Meiner Ansicht nach sieht Leder in dunklem Kaffeebraun am besten aus. Das gilt für Schuhe, Handtaschen und auch für Möbel. Immer öfter sieht man schöne Leder-Polstermöbel in dunklem Mahagonibraun. Zu ihnen passen Kaffeetöne oder sonnige Farben wie Terrakotta gut. Neutrales Braun fügt sich aber auch in die meisten anderen Farbschemata ein. Leder wird zunehmend für Stuhlsitze, Schreibtische und als Wandbespannung verwendet. Räume gewinnen oft, wenn man konventionelle Materialien auf ungewöhnliche, überraschende Weise einsetzt. Gerade in einem neutral gehaltenen Raum kann es ausgesprochen effektvoll sein, einen Stoff einzubringen, der auf den ersten Blick ungeeignet scheint.

OBEN Streifen sind mein Lieblingskontrastmuster, weil sie zu allem passen und in so vielen schönen Farben zu haben sind – auch in unkonventionellen »Off«-Farben, wie diese Sessel im Soho Hotel in London zeigen, das von Kit Kemp ausgestattet wurde. Die Kombination von erdigen Farben mit vereinzelten Streifen in Stahlblau und Aubergine ist einfach genial.

LINKS Das überdachte Freiluftwohnzimmer in Johannesburg hat Stephen Falcke mit Möbeln aus Metallgeflecht und Polstern aus Segeltuch in einem neutralen Karamellton eingerichtet. Gläser mit Farnen, große Tische mit Glasplatten und wuchtige, geschnitzte Holzschüsseln steuern interessante Texturen bei.

Cord mit seiner wunderbaren Textur ist in vielen Kaffee- und Schokoladentönen erhältlich. Manche der helleren, feineren Töne wirken erstaunlich edel und elegant, dabei ist dieser Stoff doch sehr praktisch und strapazierfähig. Wahre Texturwunder sind auch Stoffe, die gefältelt vom Ballen verkauft werden. Sie eignen sich für Kissen und Polster kleiner Hocker, aber auch für Tagesdecken.

Seidentaft verleiht jedem Raum einen Hauch von Luxus. Vorhänge aus Seidentaft – ob mit oder ohne Futter – sehen edel aus und fühlen sich toll an. Allerdings sollte der Stoff sich füllig auf dem Boden bauschen und nicht nur knapp aufstoßen.

Leinen ist ein Basismaterial, es könnte zur Abwechslung aber auch einer der schönen neuen Matratzenstreifen sein, die es beispielsweise von Ralph Lauren Ton in Ton oder auch in Kontrastfarben gibt.

Echte und künstliche Tierfelle sind ein Muss, und zum Glück bietet der Markt reichlich interessante

OBEN LINKS Dies ist eine meiner liebsten Farbkombinationen: leuchtendes Orange und Ziegelrot oder gebrannte Siena zu einer Palette ruhigerer Erdfarben. Bernie de le Cuona hat Kissen in haferflockenfarbigem Leinen, schokoladenbraunem Wildleder und flammendem Orange auf einem Sofa in dunklem Feigenbraun arrangiert. Die Karodecken und der helle Überwurf auf dem antiken Lederkoffer liefern weitere Farben, Muster und Texturen.

OBEN Mit einem Berg Kissen lässt sich ein Raum ohne großen Aufwand schnell verwandeln, etwa um ihn der Jahreszeit anzupassen. Auf dem Hahnentrittkissen liegt ein kleineres mit afrikanischer Perlenstickerei und einer dicken Quaste.

RECHTS In diesem Raum im Soho Hotel sind die Wände in einem warmen, hellen Whiskyton gestrichen, neben dem sich die übrigen Erdfarben sehr schön abheben. Das Sofa hat einen chicen Bezug aus robustem Leinen mit einem Blumen-Konturmuster in Lebkuchenbraun. Solche Ton in Ton gehaltenen, modernen Muster sind ideal für Räume in neutralen Farben. Die soliden Holzmöbel setzen dezente Akzente.

SATTE ERD- UND GEWÜRZFARBEN TOP TIPPS

- Der in San Francisco ansässige Innenarchitekt Jean Larette rät, Erdtöne mit hellem Salbeigrün aufzufrischen und Türen, Rahmen und andere Leisten rohweiß zu streichen, um den Wänden mehr Profil zu geben. Als Wandbespannung empfiehlt er Sackleinen.
- Möbel in Espressobraun und sachlichem Schwarz bilden zu helleren Erdfarben einen gelungenen Kontrast.
- Erdiges Burgunderrot und warmes Karamell sind ideale Farben für edlen Samt, flauschiges Mohair oder feines Kaschmir mit seidigen, goldfarbenen Einfassungen.
- Senf- und Zimttöne harmonieren gut mit exotischen Objekten und Kunstgegenständen, etwa aus dem Fernen Osten oder Afrika.

Stoffe, Läufer und Accessoires mit solchen Tiermustern. Auch Leder und Felle von Rindern, Schafen oder Straußen, die primär wegen des Fleisches gehalten werden, können in der Wohnung zu Ehren kommen und sind meiner Meinung nach auch ethisch eher vertretbar als Zebrafelle – selbst wenn versichert wird, dass sie nur von Tieren stammen, die aus Gründen der Bestandsregulierung geschossen wurden.

Gewebe mit natürlichem Aussehen setzen sich in der Inneneinrichtung wieder stärker durch und lösen die komplexen Stoffkompositionen der letzten Jahre ab. Sie können durch ihre Textur gerade unifarbenen Räumen Lebendigkeit, Charakter und Kontrast geben.

Interessant ist auch die Textur gequilteter Stoffe – nicht nur traditionell für Tagesdecken, sondern auch für edle Vorhänge oder weiche Polsterbezüge.

TOFFEE BIS SCHOKOLADE FARBMUSTER

Ein stattliches Chesterfield-Sofa in Antikoptik verbreitet in diesem Londoner Penthouse mit Blick auf die Themse vornehme Clubatmosphäre. Luigi Esposito ist es gelungen, Behaglichkeit und modernen Stil in Einklang zu bringen. Besonders schön ist die Kombination aus dunkelkaramellfarbenem Antikleder mit Kissen und Decken aus reiner Wolle und Kaschmir. Perfekt wird die Mischung durch die Wandbespannung aus Wildlederimitat und den taupefarbenen Samtbezug des Sessels.

Diese Palette vermittelt eine maskuline Atmosphäre voller Wärme und Solidität. Im Gegensatz zu den dunkleren Grautönen, empfehle ich hier dunkel schokoladenbraunen Kaschmir (2), edle Samtstreifen (4) und -muster (11), strukturierte Karos (13) und eine gerippte Seide (1), die alle gut mit den Farben und Oberflächen der verschiedenen Lederqualitäten harmonieren (3, 9 und 16). Der Leopardendruck (7) liefert den modischen Pepp, während leichtere Stoffe wie der seidige, schokoladenbraune Uni (14), die hübsche Blumenstickerei (15) und der edle Streifen in Schwarz-Weiß-Braun (12) etwas weniger winterlich wirken. In Kombination mit dem vielseitigen Leinen in Haferflockenbeige (8) wirken diese Farben auch im Sommer kein bisschen düster oder bedrückend. Auf dem Fußboden sehen dunkle, polierte Eichendielen (5) wunderbar aus. Für Behaglichkeit könnte ein weicher Wollteppich in Creme (10) sorgen, während helles Sisal (6) eher sommerliche Atmosphäre schafft.

Akzente zu Erdfarben

SANFTES STAHLBLAU ist ein interessanter, aber ungewöhnlicher Partner zu Erdfarben, der gut in eine elegante Stadtwohnung passt. Auch frisches, ruhig etwas grelles Grün oder Gelb eignen sich für Akzente, die den Erd- und Gewürzfarben ihre unterschwellig konventionelle Wirkung nehmen. Generell sollte man Akzentfarben nicht zu großflächig einsetzen, sondern auf Details wie Kissen oder Accessoires beschränken.

Traditionelle Akzentfarben zu den Erdtönen sind alle Terrakottatöne. Alberto Pinto setzt auf Terrakotta und Schwarz, ebenfalls eine reizvolle Kombination. Denkbar sind auch die tiefdunklen Schokoladentöne, ein zartes Lavendel oder sanftes Aubergine.

TOFFEE, TÜRKIS & CREME

Seegrassessel mit Kissen aus reinem Seidensamt bilden eine ungewöhnliche Kombination von Texturen. Das helle Türkis sieht zu den Braun- und Cremetönen in diesem Raum gut aus.

KAKAO, PILZ & STAHL

Die traditionellen, maskulinen Ledersessel mit Knopfheftung bekommen hier durch die Kissen in Pilzbeige und das Seidenkissen in Stahlblau mit Quasten eine weichere Note.

ZIMT & CREME

In dieser Bibliothek hat Alberto Pinto für die Täfelung mit Flechtmuster einen hellen Zimtton gewählt. Die Polsterbezüge sind cremefarben, im Teppich tauchen beide Farben wieder auf. Die vergoldeten Sessel aus dem 18. Jahrhundert wirken besonders nobel.

SAND, ZIMT & LAVENDEL

Barbara Barry hat diese originellen Sessel entworfen, die einen lavendelfarbenen Bezug von Stephen Falcke tragen. Die Farbkombination ist ungewöhnlich, aber sehr effektvoll in einem Raum mit so viel Holz. Der bunte Streifenteppich von Paul Smith und die von Falcke zusammengetragene Sammlung fernöstlicher Paravents, afrikanischen Kunsthandwerks und ausgefallener Skulpturen verbinden alle Elemente zu einem stimmigen Ganzen.

INGWER & SEEGRAS
Luigi Esposito setzt gern Seegras ein, weil sich dunkle Holzmöbel dagegen so gut abheben. Hier hat er auf einem Konsoltisch aus Seegras eine afrikanische Holzschale mit Eiern, die mit Bruchstücken von Eierschalen beklebt sind, arrangiert. Die rauen Texturen bilden einen spannungsvollen Kontrast zu der weichen Felldecke auf dem Sofa.

SCHLAMM & CHARTREUSE
Auf einer großen Ottomane aus Chagrin-Leder steht ein Ebenholztablett, das mit dem dunklen Holztisch korrespondiert. Der matte Schlammton, den Jamie Drake für die Wände gewählt hat, kehrt auf den Fronten der Einbauschränke wieder. Akzente in Chartreuse lassen das Zimmer in dunklen Farben freundlich wirken. Vasen und Schalen schimmern lebhafte.

ESPRESSO & CREME
Das Sofa ist mit einem edlen Leinenstoff namens Mistral bezogen. Der kräftige, herbstliche Feigenton ist eine universelle Neutralfarbe und dabei kein bisschen langweilig. Bernie de le Cuona hat dazu Kissen aus cremeweißem, gefälteltem Leinen und schokoladenbraunem Wildleder als Akzente gewählt. Die Decke sieht aus wie eine Mischung aus Fell, Chenille und Samt – ideal für kühle Winterabende.

Farben

Rohweiß

SCHNEE BIS MILCHREIS, SEITE 16

Milch Benjamin Moore Simply White OC-117; Francesca's Paints Panna Cotta; Sherwin Williams White Flower SW 7102
Eiweiß Benjamin Moore Cotton Balls OC-122; Paint Library Paper I; Sherwin Williams Ibis White SW 7000
Milchreis Francesca's Paints Sand I; Paint Library Shell I Snow Benjamin Moore Snowfall White OC-118; Fired Earth Oyster 31; Paint Library Sand I; Sherwin Williams Paper White SW 7105
Vanillesauce Benjamin Moore Lemon Chiffon OC-109; Paint Library Oak I; Sherwin Williams Honied White SW 7106
Musselin Benjamin Moore White Diamond OC-61; Flamant 131 Cotton Grey; Sherwin Williams Futon SW 7101
Baiser Francesca's Paints Galao I; Sherwin Williams Pinkish SW 7112

BUTTER BIS BISKUIT, SEITE 24

Butter Benjamin Moore White Chocolate OC 127; Francesca's Paints Beachwood; Kelly Hoppen Clotted Cream; Sherwin Williams Downy SW 7002
Klöppelspitze Benjamin Moore Antique Yellow OC-103; Francesca's Paints Banana Smoothie; Paint Library Straw II
Vanille Benjamin Moore Cream Silk OC-115; Francesca's Paints Boiled Egg II; Sherwin Williams Lily SW 6693
Bienenwachs Benjamin Moore Antiquity OC-107; Farrow & Ball New White 59; Sherwin Williams Morning Sun SW 6672
Schlagsahne Benjamin Moore Milkyway OC-110; Paint Library Ivory II; Sherwin Williams Venetian Lace SW 7119
Mürbeplätzchen Benjamin Moore Timid White OC-39; Fired Earth Flake White 14; Sherwin Williams Dover White SW 6385
Biskuit Benjamin Moore Palace White OC-100; Francesca's Paints Galeo II; Kelly Hoppen Thai Beige; Paint Library Leather II; Sherwin Williams Reliable White SW 6091

HAFERFLOCKEN BIS BINDFADEN, SEITE 31

Nesselstoff Benjamin Moore Ancient Ivory OC-133; Flamant P03 Vanille; Sherwin Williams Dollop of Cream SW 7120
Kordel Benjamin Moore Winter White OC-21; Flamant 119 Cool Ashes; Sherwin Williams Heron Plume SW 6070
Naturleinen Benjamin Moore Soft Chamois OC-13; Kelly Hoppen Bone; Sherwin Williams Pearly White SW 7009
Bindfaden Benjamin Moore Tapestry Beige OC-32; Kelly Hoppen Taupe; Sherwin Williams Popular Gray SW 6071
Haferflocken Benjamin Moore Moonlight White OC-125; Flamant 106 Old Church White; Francesca's Paints Peace White; Sherwin Williams Creamy SW 7012
Mandel Benjamin Moore Spanish White OC-35; Farrow & Ball House White 2012; Sherwin Williams Cotton White SW 7104
Stein Benjamin Moore Morning Dew OC-140; Farrow & Ball Clunch 2009; Flamant 116 Bone; Sherwin Williams Natural Choice SW 7011

Grau

SILBER BIS NEBEL, SEITE 44

Eiswürfel Benjamin Moore Mineral Ice 2132-70; Farrow & Ball Slipper Satin 2004; Sherwin Williams Original White SW 7077
Silber Francesca's Paints Elephant I; Sherwin Williams Eider White SW 7014
Marmor Benjamin Moore Ice Cube Silver 2121-50; Francesca's Paints Elephant II; Sherwin Williams White Iris SW 6812
Meeresschaum Benjamin Moore Gray Cloud 2126-60; Farrow & Ball James White 2010; Sherwin Williams Nebulous White SW 7063
Perle Benjamin Moore Marilyn's Dress 2125-60; Francesca's Paints White Truffle; Sherwin Williams Discrete White SW 6266
Auster Benjamin Moore Bunny Gray 2124-50; Francesca's Paints French Grey; Sherwin Williams Aura White SW 6532
Nebel Benjamin Moore White Water 2120-60; Farrow & Ball Cornforth White 228; Francesca's Paints Peace White; Sherwin Williams Grayish SW 6001

TREIBHOLZ BIS ELEFANT, SEITE 54

Abalone Benjamin Moore Pigeon Gray 2133-50; Crown RIBA Drawings Collection Neoclassical 8; Sherwin Williams Imagine SW 6009
Seehund Benjamin Moore Shadow Gray 2125-40; Flamant SE322 Smoke; Sherwin Williams Network Gray SW 7073
Gebürstetes Alu Benjamin Moore Silver Lining 2119-60; Fired Earth Pearl Ashes 3; Sherwin Williams North Star SW 6246
Treibholz Benjamin Moore White Stone 2134-60; Fired Earth Platinum Pale 2; Sherwin Williams Gray Screen SW 7071
Zinn Benjamin Moore Pewter 2121-30; Flamant P19 After Rain; Sherwin Williams Gray Matters SW 7066
Elefant Benjamin Moore Wolf Gray 2127-40; Farrow & Ball Mouse's Back 40; Flamant P14 Taupe; Francesca's Paints Havana Brown; Kelly Hoppen Nirvana; Sherwin Williams Sensuous Gray SW 7089
Grauer Flanell Benjamin Moore Gray Timber Wolf 2126-50; Crown RIBA Drawings Collection Paladian 13; Sherwin Williams Quest Gray SW 7080; Flamant SE332 Atlantic

SCHATTEN BIS EBENHOLZ, SEITE 63

Schatten Benjamin Moore Smoke 2120-40; Crown RIBA Drawings Collection 50s Sketchbook 15; Kelly Hoppen Andaman Sea
Anthrazit Benjamin Moore Gray 2121-10; Crown RIBA Drawings Collection Art Deco 15; Fired Earth Mercury 12
Ebenholz Benjamin Moore Twilight Zone 2127-10; Fired Earth Charcoal 6; Kelly Hoppen Ancient Black
Holzkohle Benjamin Moore Almost Black 2130-30; Francesca's Paints Coopers Creek
Schiefer Benjamin Moore Anchor Gray 2126-30; Farrow & Ball Down Pipe 26; Flamant P31 Grey Flanel; Paint Library Squid Ink
Gewitterwolke Benjamin Moore Gray Shower 2125-30; Flamant P29 Pavés du Nord; Sherwin Williams SW 6257 Gibraltar
Granit Benjamin Moore Black Horizon 2132-30; Farrow & Ball Off-black 57

Grün

CELADON BIS PISTAZIE, SEITE 75

Minzgranita Benjamin Moore Country Green 1B-540; Francesca's Paints Mint II; Sherwin Williams Lime Granita SW 6715
Celadon Benjamin Moore Dark Wren 2146-60; Flamant 171 Thé Vert; Francesca's Paints Mint I
Limette Benjamin Moore Potpourri Green 2029-50; Crown Wind Chime Solo; Crown RIBA Drawings Collection 50s Sketchbook II; Dulux Willow Tree
Daiquiri Benjamin Moore Daiquiri Ice 2034-70; Francesca's Paints Minty Green; Paint Library Glass I; Sherwin Williams Spinach White SW 6434
Fenchel Benjamin Moore Landscape 2B-430; Fired Earth Celadon
Pistazie Benjamin Moore Stem Green 2029-40; Crown RIBA Drawings Collection Arts and Crafts 4; Dulux Putting Green; Sherwin Williams Dancing Green SW 6716
Sellerie Benjamin Moore Pale Vista 2029-60; Paint Library Buttermint; Sherwin Williams Sprout SW 6427

CHICOREE BIS JADE, SEITE 80

Jade Francesca's Paints Lucia's Apple Green; Dulux Wild Forest; Paint Library Apple Smiles; Sherwin Williams Garden Grove SW 6445
Chicoree Benjamin Moore Potpourri Green 2029-50; Paint Library Pale Georgian; Sherwin Williams Baize Green SW 6429
Blatt Benjamin Moore Rosemary Green 2029-30; Paint Library Final Furlong; Sherwin Williams Overt Green SW 6718
Birne Benjamin Moore Kittery Paint Green HC-119; Crown RIBA Drawings Collection Neoclassical 15; Paint Library Stalk IV; Sherwin Williams Bonsai Tint SW 6436
Guacamole Benjamin Moore Pear Green 2028-40; Paint Library Euphorbia; Sherwin Williams Hearts of Palm SW 6472
Erbsensuppe Francesca's Paints Dew; Crown RIBA Drawings Collection 50s Sketchbook I; Paint Library Willow IV; Sherwin Williams Shagreen SW 6422
Salbei Benjamin Moore Winterberry Green HC-136; Francesca's Paints Federal Green; Sherwin Williams Composed SW 6472

GRÜNER TEE BIS TABAK, SEITE 86

Grüner Tee Benjamin Moore Brookside Moss 2145-30; Farrow & Ball Lichen 19; Flamant SE309 Pastis; Francesca's Paints Green Olive; Sherwin Williams Ryegrass SW 6423
Flechte Benjamin Moore Kennebunkport Green HC-123; Francesca's Paints Classic Pesto; Paint Library Samphire; Sherwin Williams Artichoke SW 6179
Feige Benjamin Moore Herb Garden 4B-434; Farrow & Ball Calke Green 34; Sherwin Williams Inverness SW 6433
Olive Benjamin Moore Eucalyptus Leaf 2144-20; Farrow & Ball Olive 13; Flamant P75 Olive; Francesca's Paints Green Olive; Sherwin Williams Sheraton Sage SW 0014
Moos Benjamin Moore Webster Green HC-130; Fired Earth Zangar Green 108; Flamant P77 Vert Verger; Sherwin Williams Jadite SW 6459
Thymian Benjamin Moore Rosemary Sprig 2144-30; Paint Library Fowler's Olive; Sherwin Williams Tansy Green SW 6424
Tabak Benjamin Moore Guacamole 2144-10; Fired Earth Wild Olive 120; Sherwin Williams Saguaro SW 6419

Blau

ENTENEI BIS JEANS, SEITE 97

Entenei Benjamin Moore Glacier Blue 1B-1653; Crown RIBA Drawings Collection 50s Sketchbook II; Francesca's Paints Water Green II; Paint Library Ice IV; Sherwin Williams Atmosphere SW 6505
Meißen Benjamin Moore Blue Marguerite 2063-50; Crown RIBA Drawings Collection Victorian Eclectic 14; Sherwin Williams Resolute Blue SW 6507
Himmel Benjamin Moore Swiss Blue 1B-815; Fired Earth Zenith Blue 88; Francesca's Paints Spanish Blue; Sherwin Williams Celestial SW 6808
Jeans Benjamin Moore Water Town 3B-818; Crown RIBA Drawings Collection Victorian Eclectic 13; Flamant SE308 Myrtylle; Sherwin Williams Lupine SW 6810
Aquamarin Benjamin Moore Crisp Morning Air 1B-780; Farrow & Ball Duck Egg 99
Glockenblume Benjamin Moore Jet Stream 1B-814; Francesca's Paints Salt Lake II; Paint Library Chalcedony; Sherwin Williams Wondrous Blue SW 6807
Wasser Benjamin Moore Marlboro Blue HC-153; Flamant P86 Bleu Cap Ferrat; Francesca's Paints Salt Lake III; Sherwin Williams Open Seas SW 6500

FLIEDER BIS ERIKA, SEITE 103

Vergissmeinnicht Benjamin Moore Victorian Trim 2068-60; Crown Dewberry Frost; Sherwin Williams Awesome Violet SW 6815
Flieder Benjamin Moore Lily Lavender 2071-60; Francesca's Paints Lilac; Paint Library Subtle Angel; Sherwin Williams Potentially Purple SW 6821
Hyazinthe Benjamin Moore California Lilac 2068-40; Crown Mid Blue U7.24.48; Sherwin Williams Gentian SW 6817; B&Q Tate Range Pool
Wisteria Benjamin Moore Wishing Well 2B-1389; Flamant 158 Clic-Clac; Francesca's Paints Lavender III; Sherwin Williams Magical SW 6829
Distel Benjamin Moore Spring Purple 2070-40; Fired Earth Gentian Violet 82; Sherwin Williams Dahlia SW 6816
Lavendel Benjamin Moore Enchanted 2070-50; Flamant SE303 Glycine; Sherwin Williams Ash Violet SW 6549
Erika Benjamin Moore Purple Lotus 2072-30; Flamant 163 Venise; Francesca's Paints Piedmontese Aubergine; Sherwin Williams Plummy SW 6558

VEILCHEN BIS MITTERNACHT, SEITE 110

Indigo Benjamin Moore Scandinavian Blue 2068-30; Crown Peacock Blue; Francesca's Paints Royal Blue; Sherwin Williams Morning Glory SW 6971
Pfauenauge Benjamin Moore Blue Danube 2062-30; Crown Dark Grey P9.26.35; Flamant 150 Les Flots Bleus; Sherwin Williams Georgian Bay SW 6509
Veilchen Benjamin Moore Mystical Grape 2071-30; Dulux Soft Aubergine; Sherwin Williams African Violet SW 6982
Malachit Benjamin Moore Bermuda Blue 2061-30; Crown RIBA Drawings Collection Arts and Crafts 12; Sherwin Williams Bosporus SW 6503
Mitternacht Benjamin Moore Midnight Navy 2067-10; Crown Dramatic; Sherwin Williams Dignified SW 6538
Kobalt Benjamin Moore Champion Cobalt 2061-20; Dulux Niagra Blues; Paint Library Blue Blood; Sherwin Williams Regatta SW 6517
Petrol Benjamin Moore Down Pour Blue 2063-20; Crown RIBA Drawings Collection Gothic Revival 15; Sherwin Williams Dignity Blue SW 6804

Rosa

KIRSCHBLÜTE BIS FUCHSIE, SEITE 120

Kirschblüte Crown RIBA Drawings Collection Neoclassical 6; Francesca's Paints Rose I; Paint Library Oyster Lily; Sherwin Williams Amour Pink SW 6595
Wassermelone Benjamin Moore Wild Pink 2080-40; Crown Pagoda; Sherwin Williams Cyclamen SW 6571
Erdbeereis Crown Mademoiselle; Francesca's Paints Rose II; Sherwin Williams Lighthearted Pink SW 6568
Fuchsie Benjamin Moore Peony 2079-30; Crown Shocking Pink; Francesca's Paints Pigi's Piggy Pink
Wicke Benjamin Moore Bunny Nose Pink 2074-60; Crown Beauty Queen; Francesca's Paints Rose III; Sherwin Williams Vanity Pink SW 6976
Rose Benjamin Moore Paradise Pink 2078-40; Francesca's Paints Rose Bank; Sherwin Williams Vivacious Pink SW 6850
Himbeersorbet Benjamin Moore Pink Begonia 2078-50; Sherwin Williams Partytime SW 6849

PREISELBEER BIS RHABARBER, SEITE 127

Rhabarber Benjamin Moore Vibrant Blush 2081-30; Crown Dawn Grey A8.25.48; Crown Summer Pudding; Francesca's Paints Rose; Sherwin Williams Heartfelt SW 6586;
Klatschmohn Benjamin Moore Spring Tulips 2001-30; Crown Russet C4.60.40; Crown Scooter Red; Sherwin Williams Stop SW 6869
Kirsche Benjamin Moore Candy Cane Red 2079-10; Dulux Windsor Red; Sherwin Williams Radish SW 6861
Rote Grütze Benjamin Moore Rose Parade 2086-20; Fired Earth Bengal Rose; Sherwin Williams Cherries Jubilee SW 6862
Preiselbeer Benjamin Moore Blushing Red 2079-20; Crown Bright Red C4.60.30; Sherwin Williams Gala Pink SW 6579
Sangria Benjamin Moore Raspberry Glaze 2078-20; Flamant HC157 Lipstick; Sherwin Williams Hot SW 6843
Erdbeere Benjamin Moore Exotic Red 2086-10; Flamant HC156 Rouge Baiser; Sherwin Williams Positive Red SW 6871

ROTWEIN BIS AUBERGINE, SEITE 132

Weißherbst Benjamin Moore Crushed Velvet 2076-10; Farrow & Ball Rectory Red 217; Paint Library Elisabethan Red; Sherwin Williams Valentine SW 6587
Aubergine Benjamin Moore Dark Burgundy 2075-10; Crown Burgundy; Flamant SE304 Grand Cru; Sherwin Williams Burgundy SW 6300
Rote Bete Benjamin Moore Magenta 2077-10; Dulux Heritage Collection Pugin Red; Sherwin Williams Forward Fuchsia SW 6842
Pflaume Benjamin Moore Roseate 2078-10; Flamant SE305 Castille; Kelly Hoppen Chinese Red; Sherwin Williams Cerise SW 6580
Maulbeere Benjamin Moore Mulberry 2075-20; Francesca's Paints Jacaranda; Kelly Hoppen Red Lantern; Sherwin Williams Fabulous Grape SW 6293
Brombeere Benjamin Moore Autumn Purple 2073-20; Kelly Hoppen Opium Den; Sherwin Williams Kimono Violet SW 6839
Traubensaft Crown Bright Red; A1.36.22; Sherwin Williams Juneberry SW 6573

Sonnenfarben

SAND BIS OCKER, SEITE 142

Safran Dulux Soft Solar; Francesca's Paints Neisha Crosland I Yellow Chalk; Paint Library Othman Brae; Sherwin Williams Bee SW 6683
Ocker Benjamin Moore Cork 2153-40; Farrow & Ball Cane 53; Flamant P60 Dunes; Paint Library Cloudberry; Sherwin Williams Golden Fleece SW 6388
Mais Benjamin Moore Suntan Yellow 2155-50; Francesca's Paints Tobacco; Sherwin Williams Jonquil SW 6674
Sand Benjamin Moore Golden Straw 2152-50; Farrow & Ball Farrow's Cream 67; Francesca's Paints Mascarpone; Sherwin Williams Inviting Ivory SW 6372
Pfirsichsorbet Benjamin Moore Asbury Sand 2156-50; Farrow & Ball Yellow Ground 218; Francesca's Paints Morocco; Sherwin Williams Honey Blush SW 6660
Sonnenblume Crown RIBA Drawings Collection Victorian Eclectic 4; Francesca's Paints Yellow Peppers; Sherwin Williams Butterfield SW 6676
Stroh Farrow & Ball Dorset Cream 68; Francesca's Paints Galao III; Sherwin Williams Interactive Cream SW 6113

KÜRBIS BIS TERRAKOTTA, SEITE 149

Paprika Francesca's Paints Barbara's Pink; Flamant P38 Sienna; Sherwin Williams Henna Shade SW 6326
Chili Francesca's Paints Rebecca's Red; Farrow & Ball Blazer 212; Sherwin Williams Reddish SW 6319
Kürbis Francesca's Paints Arabella's Pumpkin; Flamant SE319 Tango; Sherwin Williams Outgoing Orange SW 6641
Puderrouge Francesca's Paints Gioia's Madras; Crown RIBA Drawings Collection 50s Sketchbook 6; Dulux Tuscan Terracotta; Sherwin Williams Persimmon SW 6339
Gebrannte Siena Benjamin Moore Rust 2175-30; Farrow & Ball Red Earth 64; Sherwin Williams Reynard SW 6348
Tomatensalsa Benjamin Moore Adobe Orange 2171-30; Crown RIBA Drawings Collection 50s Sketchbook 9; Sherwin Williams Obstinate Orange SW 6884
Terrakotta Benjamin Moore Terra Cotta Tile 2090-30; Flamant P42 Briques de Bruges; Francesca's Paints Marco's Terracotta; Sherwin Williams Spicy Hue SW 6324

Erde & Gewürze

KAMEL BIS MAULWURF, SEITE 160

Kamel Benjamin Moore Chestertown Buff HC-9; Francesca's Paints Alessandro's Caramel; Kelly Hoppen Basket; Sherwin Williams Restrained Gold SW 6129
Roggenbrot Benjamin Moore Sag Harbour Gray HC-95; Crown RIBA Drawings Collection Art Deco 8; Flamant P11 Bord de Seine; Kelly Hoppen Taupe on Tap; Sherwin Williams Sand Trap SW 6066
Malzmilch Benjamin Moore Bradstreet Beige HC-48; Francesca's Paints Petal; Kelly Hoppen Incense; Sherwin Williams Malted Milk SW 6057
Trüffelpraline Benjamin Moore Sandlot Gray 2107-50; Kelly Hoppen Zen; Sherwin Williams Doeskin SW 6064
Milchkaffee Francesca's Paints Sand III; Francesca's Paints Gianluca's Fawn; Kelly Hoppen Pebble; Sherwin Williams Basket Beige SW 6143
Maulwurf Benjamin Moore Stardust 2108-40; Kelly Hoppen Nirvana; Sherwin Williams Poised Taupe SW 6039
Champignon Benjamin Moore Shenandoah Taupe HC-36; Farrow & Ball Dead Salmon 28; Sherwin Williams Glamour SW 6031

INGWER BIS ZIMT, SEITE 167

Cognac Benjamin Moore Richmond Gold HC-41; Flamant P36 Savane; Sherwin Williams Tatami Tan SW 6116
Mokka Benjamin Moore Mudslide 2095-40; Crown RIBA Drawings Collection Revival 7; Francesca's Paints Dune 45 II; Sherwin Williams Reddened Earth SW 6053
Rohzucker Benjamin Moore Peanut Shell 2162-40; Flamant P33 Terre de Picardie; Francesca's Paints Dune 45 I; Sherwin Williams Bagel SW 6114
Zimt Benjamin Moore Rich Clay Brown 2164-30; Francesca's Paints Pump Room Red; Sherwin Williams Canyon Clay SW 6054
Karamell Benjamin Moore Roxbury Caramel HC-42; Flamant P34 Dalle Industrielle; Francesca's Paints Spitzkop II; Sherwin Williams Totally Tan SW 6115
Ingwer Benjamin Moore Dark Mustard 2161-30; Crown RIBA Drawings Collection Victorian Eclectic 5; Sherwin Williams Decorous Amber SW 0007
Dijon-Senf Benjamin Moore Tyler Taupe HC-43; Crown RIBA Drawings Collection Regency 5; Francesca's Paints Etosha II; Sherwin Williams Baguette SW 6123

TOFFEE BIS SCHOKOLADE, SEITE 172

Lebkuchen Benjamin Moore Cocoa Brown 2101-20; Crown RIBA Drawings Collection Gothic Revival 10; Farrow & Ball Etruscan Red 56; Paint Library Hopsack; Sherwin Williams Aurora Brown SW 2837
Schokolade Benjamin Moore Mocha Brown 2107-20; Crown Chestnut; Dulux Chocolate Fondant; Paint Library Masai; Sherwin Williams Fiery Brown SW 6055
Toffee Benjamin Moore Greenfield Pumpkin HC-40; Flamant P62 Indian Summer; Sherwin Williams Renwick Rose Beige SW 2804
Rübensirup Benjamin Moore Cinnamon Slate 2113-40; Farrow & Ball Dauphin 54; Fired Earth Scarab 42; Flamant SE318 Coco; Sherwin Williams Tanbark SW 6061
Sattelleder Benjamin Moore Grandfather Clock Brown 2096-30; Fired Earth Pompeiian Red 69; Francesca's Paints Mud; Sherwin Williams Moroccan Brown SW 6060
Schwarzbrot Benjamin Moore Brown Horse 2108-30; Farrow & Ball Wainscot 55; Fired Earth Raw Earth 17; Sherwin Williams Rookwood Dark Brown SW 2808
Kaffeebohnen Benjamin Moore Grizzly Bear Brown 2111-20; Fired Earth Sepia 18; Sherwin Williams French Roast SW 6069

Farbmuster

Rohweiß

SCHNEE BIS MILCHREIS, SEITE 23

Stoffe

1 Sun Atelier, SF-EMB-006/02
2 De le Cuona, Linen Shade Ivory, KKK2
3 Chase Erwin, Hampton Check, Chocolate
5 De le Cuona, 100% Cashmere
8 Sahco, Ulf Moritz, Elecaro, 1273-02
10 Abbott & Boyd Ltd, Code A, Jasmin de Nuit, 17080-02
11 Nina Campbell, Meryton Collection, Meryton, NCF3670/01, Vertrieb durch Osborne & Little
13 Andrew Martin, Cotton Petit, Beige/White
14 De le Cuona, Paper Bark All White, PA9

Bodenbeläge

4 Kersaint Cobb & Company, KC Pampas Braydale, 33620-11-173
6 Alternative Flooring Company, 4001 Leather Parchment (Kanten)
7 Element 7, Washed Lunar Larch Lye
9 Crucial Trading, Wide Bamboo, Limewash, WB01
12 Limestone Gallery, Ivory Premium Gloss

BUTTER BIS BISKUIT, SEITE 28

Stoffe

1 Andrew Martin, Georgia Collection, Washington Velvet, Pongee
3 De le Cuona, Storm Papyrus, NN1
4 Nina Campbell, Bovary Collection, Deauville, Ref. NCF3704/ 03
5 De le Cuona, Paper Bark Chalk, PA8
8 Sun Atelier, SF-EMB-111/01, Dupion Embroidery
9 Sun Atelier, SF-TF-CHK-002/01
11 Andrew Martin, Corduroy, Nutmeg
12 Kelly Hoppen, Cashmere, Incense/Black Pinstripe, KHI9202

Bodenbeläge

2 Adam, Quality: Natural Perceptions, Name: PL09 Lattice Olive
6 Element 7, Washed Fine Oak
7 Crucial Trading, Mississippi Stripe, Willow/Oatmeal, WS105
10 Walton Ceramics, W14, Rust Cream

HAFERFLOCKEN BIS BINDFADEN, SEITE 37

Stoffe

1 Andrew Martin, Pullman Collection, Constantinople Cocoa
2 De le Cuona, Linen Shade Stone, KKK4
3 De le Cuona, Mutt Cloth Cream, AS2
4 De le Cuona, Rural Slate, S8
5 De le Cuona, 100% Cashmere
7 The Alternative Flooring Company, 4001 Parchment (Kanten)
9 Chelsea textile, FC357 Large Check, Sand
11 De le Cuona, Shire Oatmeal, D1
12 De le Cuona, Mutt Stripe Cream, AT2
13 De le Cuona, Paper Bark Lime White, PA6

Bodenbeläge

6 Element 7, Fired Acacia
8 Adam Textures, Rustic Croft, Taransay, CR13
10 Walton Ceramics, Rust, W14

Grau

SILBER BIS NEBEL, SEITE 53

Stoffe

1 Sun Atelier, SF-TF-STR-002/06
2 Chelsea Textiles, F2009 B, Pinneapple & Auricula, Blue
5 Andrew Martin, Georgia Collection, Congress, Alabaster
6 Chase Erwin, Sequin, Mist
7 Sahco Ulf Moritz, Cristallo, 2082-01
8 De le Cuona, Louiza Paisley, Mist, No. LO1
9 Sun Atelier, Pleated Fabric
11 Kelly Hoppen, Boiled Wool, Smoke, KHI5104
12 Sun Atelier, SF-Emb-008/04
13 Anya Larkin Ltd, Shagreen 2607 Hickory
14 Nina Campbell, Bovary Collection, Bovary, Ref. NCF3700/05

Bodenbeläge

3 Ebonyandco, Un-milled Original Surface Barnwood
4 Crucial Trading, Linton, Stone, WS500
10 Limestone Gallery, Ivory Nuage

TREIBHOLZ BIS ELEFANT, SEITE 61

Stoffe

1 Andrew Martin, Minstral Collection, Tumba, Storm
2 Sahco, Ulf Moritz, Elecaro, 1273-01
4 Edelman, All Grain, Burnt Orange, AG14
6 Andrew Martin, Brummel Plain, Gun Metal
7 Sun Atelier, SFD 229
8 Edelman, Real Woven, Black, RW02
9 Andrew Martin, Rama Collection, Varuna, Grey
11 Kelly Hoppen, Boiled Wool, Ash, KHI5105
13 Andrew Martin, Georgia Collection, Washington Velvet, Gargoyle
14 Andrew Martin, Prince of Wales Check
15 Andrew Martin, Sheers, 2608 120
16 De le Cuona, Kyoto Pewter, KY5
17 De le Cuona, Mutt Stripe Cream, AT2
18 De le Cuona, Sun Bleached Paisley Whisper, HH3

Bodenbeläge

3 Crucial Trading, Sisal, Panama Accents, Charcoal 'n' Flint, E893
5 Limestone Gallery, 2729-St Michel
10 Crucial Trading, Chunky, Silver Birch, WF158
12 The Alternative Flooring Company, Sisal Bouclé, Bitterne, 1225

SCHATTEN BIS EBENHOLZ, SEITE 69

Stoffe

1 De le Cuona, Mutt Cloth Black, AS1
2 Andrew Martin, Burford Collection, Burford, Charcoal
3 Designers Guild, F1166/02, Amboise-Raspberry
4 De le Cuona, 100% Cashmere
5 Kelly Hoppen, Cashmere, Ink, KHI9302
6 De le Cuona, Linen Shade Ivory, KKK2
7 Andrew Martin, Chalk Stripe, Charcoal
10 Andrew Martin, Rawhide, Crystal Black
11 Kravet, 21228, 81
13 Andrew Martin, Chaucer Collection, Chaucer Hand Block Velvet, Black
14 Andrew Martin, Havana, Nubia Black
15 Andrew Martin, Taynton Collection, Taynton, Pomelo
16 Andrew Martin, Ardecora, 18 5085 989
17 De le Cuona, Alexander Paisley, Red, BA1

Bodenbeläge

8 Crucial Trading, Linton, Charcoal, WS504
9 Ebonyandco, Select White Oak, 2 Enonyandco Stains
12 Brintons Carpets, Bell Twist, Smoke, 16082

Grün

CELADON BIS PISTAZIE, SEITE 78

Stoffe

1 De le Cuona, Museum Cloth, Acorn, AE4
2 Chelsea Textiles, FCV715, Thin Stripe Seamist
3 Chelsea Textiles, F801, Green Embroidery on Coloured Hemp Ground
5 Chelsea Textiles, F204SW, Tulip – Upholstery Weight
7 Edelman, Shagreen, Sha-green, SH03
8 Sun Atelier, SF-CHK-001/01, Taffeta Checks
9 African Light Trading, Ostrich Leg, Lime
10 Nina Campbell, Cha Cha Weaves Collection, Quickstep, NCF3570/11
12 Chelsea Textiles, F160 William Morris Leaf
13 De le Cuona, Paper Bark Cooking Apple, PA4
14 Chelsea Textiles, 2009G, Pale Green

Bodenbeläge

4 Ebonyandco, Eastern White Pine, 2 Ebonyandco Stains
6 Limestone Gallery, Onix Green Dark, 2702
11 Brintons Carpets, Claude Sage, F424

CHICOREE BIS JADE, SEITE 85

Stoffe

1 De le Cuona, Peasent Cloth Dew, AA6
2 Edelman, Old Rattlesnake, Waterfalls OLD-S5
3 Chelsea Textiles, FC281, Medium Check, Green
4 Travers, Hollyhock, Aubergine and Mint, 107015
5 Nina Campbell, Ptarmigan Weaves Collection, Partridge, NCF3614/04
6 Andrew Martin, Lundy, Samphire
10 Andrew Martin, Tricot – 09
11 De le Cuona, Antique Paisley, Blue
12 Chelsea Textiles, F199 WG, Sprigs and Leaves in White on Green

Bodenbeläge

7 Limestone Gallery, Jerusalem Blue Honed
8 Walton Ceramics, Porcelain Green Slate, W29
9 Element 7, Natural Fine Oak
13 Cormar Carpets, Warwick Collection, Fern

GRÜNER TEE BIS TABAK, SEITE 91

Stoffe

1 Sun Atelier, SF-CHK-001/04, Taffeta Checks
2 Nina Campbell, Ptarmigan Weaves Collection, Partridge, NCF3614/05
3 Chelsea Textiles, FC104, Large Check, Green/Olive
4 Nina Campbell, Vaucluse Collection, Vaucluse Stripe, NCF3450/06, Vertrieb durch Osborne & Little
5 De le Cuona, Chinchilla Coconut, CH5
6 Andrew Martin, Stanway Collection, Stanway, Sage
8 Andrew Martin, Lundy, Khaki
9 Sun Atelier, SF-TF-STR-25C, Taffeta Stripes
10 De le Cuona, Paper Bark Frog, PA7
11 De le Cuona, Linen Shade Ivory, KKK2
12 Andrew Martin, Hidcote Collection, Panna Cotta Moss
13 Brunschwig & Fils, 79521-432
14 Nina Campbell, Vaucluse Collection, Vaucluse Plain, NCF3451/16, Vertrieb durch Osborne & Little

Bodenbeläge

7 Element 7, Fired Acacia

Blau

ENTENEI BIS JEANS, SEITE 101

Stoffe

1 De le Cuona, 100% Cashmere
2 Nina Campbell, Vaucluse Collection, Vaucluse Stripe, NCF3450/04
3 De le Cuona, Ruffle Linen, Shade of Blue, AD4
6 Andrew Martin, Tricot, 13
8 De le Cuona, Sun Bleached Paisley, Cloud, HH1
10 Travers, Duchess, Sand, 100402
11 Travers, Duchess, Sky, 100426
12 Chelsea Textiles, 208B
13 Andrew Martin, Washington Velvet, Vanilla/131
14 Andrew Martin, Taynton Collection, Woodstock, Aero
15 Andrew Martin, Taynton Collection, Taynton, Fresh Blue

Bodenbeläge
4 Kersaint Cobb & Company, Moutain Grass, Herringbone
5 Element 7, Washed Lunar Larch Lye
7 Limestone Gallery, Limeira Honed
9 Kersaint Cobb & Company, KC Pampas Braydale, 33620-11-147

FLIEDER BIS ERIKA, SEITE 108

Stoffe
1 De le Cuona, Scrunch Cloth Oyster White, BG1
2 Sun Atelier, SF-EMB-050/01
3 Andrew Martin, Academy, Anemone
4 De le Cuona, Ikat Purple, AM2
5 Nina Campbell, Twist Collection, Twist, NCF3580/14
6 De le Cuona, Silk Paisley, Heather, SP2
7 Osborne & Little, Taisho Silks Collection, Suji, F5483/02
10 Andrew Martin, Burford Collection, Bibury, Clover
11 Andrew Martin, Delta, Lion
12 De le Cuona, 100% Cashmere
14 Nina Cambpell, Fandango Stripes Collection, Rumba, NCF3602/02
15 Abbott & Boyd, Code A, Velours, 17039-05
16 Chelsea Textiles, FC352, Large Check, Mauve

Bodenbeläge
8 Element 7, Washed Fine Oak
9 The Alternative Flooring Company, Wool Dapple, Nougat, 1782
13 Limestone Gallery, 2707 Onyx Cammello

VEILCHEN BIS MITTERNACHT, SEITE 115

Stoffe
1 De le Cuona, Regency Blackcurrant, AL2
2 De le Cuona, Colonial Blackcurrant, AN4
3 Andrew Martin, Washington Velvet, Deep Purple/310
4 Andrew Martin, Carnaval Collection, Rex, Blackcurrant
6 Nina Campbell, Ptarmigan Weaves Collection, Woodcock, NCF3611/02
7 Andrew Martin, Thackeray, Pergola, Delphinium
8 Chase Erwin, Admiral Check, Navy
9 Andrew Martin, Americana Collection, Indigo Plain
10 Andrew Martin, Discovery Collection, Kano, Blue
12 Andrew Martin, Achill, 111
13 Andrew Martin, Washington Velvet, Midnight/352
14 Chelsea Textile, Green embroidery, F801
15 Edelman, Woven leather, Licorice WVN7

Bodenbeläge
5 Walton Ceramics, Blue Azur, W14
11 Walton Ceramics, Palio Light Polished, W14

Rosa

KIRSCHBLÜTE BIS FUCHSIE, SEITE 125

Stoffe
1 Sun Atelier, SF-TF-STR-ID
3 Chelsea Textiles, F2009 RA, Pineapple and Auricula in Red on a Dark Ground
4 Andrew Martin, Taynton Collection, Taynton, Pomelo
6 De le Cuona, Ocean Drive Sun, OD1
8 Andrew Martin, Burford Collection, Burford, Raspberry
9 Chelsea Textiles, FCV712, Narrow Stripe Raspberry Voile
10 De le Cuona, Portfolio Cherry, PO6
11 Sun Atelier, SF-EMB-108/01

Bodenbeläge
2 Cormar Carpets, Warwick Collection, Tigerlily
5 The Alternative Flooring Company, Wool Pebble, Portland, 1777
7 Limestone Gallery, 2504 Rosa Tea

PREISELBEER BIS RHABARBER, SEITE 131

Stoffe
1 Edelman, Cavallini, Crimson C24
2 Osborne & Little, Collection: Zameen Silks, Tigre, Ref: F5351/01
4 De le Cuona, Hornbuckle, Red Earth, NN5
7 De le Cuona, Bandit Burgundy, TA1
10 Andrew Martin, Carnival Collection, Masquerade, Punch
11 Sun Atelier, Jute Embroidery
12 Edelman, Real Woven, Cherry Red, RW06
13 De le Cuona, Lodge Rouge, G5
14 Chelsea Textiles, F 054TR, Flowers in Tea on Red
15 De le Cuona, Coast Ruby, H2
16 De le Cuona, Lyon Stripe Wine, MMM4

Bodenbeläge
3 The Alternative Flooring Company, Sisal Herringbone, Hockley, 4422
5 Ebonyandco, White Oak, 2 Ebonyandco Stains
6 Crucial Trading, Linen Basketweave, LB18 Tomato (Kanten)
8 The Alternative Flooring Company, Sisal Herringbone, Hampton, 4420
9 Limestone Gallery, 2502 Crema Valencia Gloss

ROTWEIN BIS AUBERGINE, SEITE 137

Stoffe
1 Ardecora, Aragon 18 10014 394
2 Osborne & Little, Taisho Silks Collection, Kado, F5482/06
4 Nina Campbell, Contarini Collection, Contarini Stripe, NCF3501/02
5 Andrew Martin, Carnival Collection, Masquerade, Eggplant
6 De le Cuona, Storm Papyrus, NN1
8 Abbott & Boyd Ltd, Code A, Taffetas Plisse, 17058-9
9 Andrew Martin, Washington Velvet, Wine/8
10 Trade Routes, Ostrich, Bordeau
11 Zimmer + Rohde, 18 6023 347
12 Chase Erwin, Elixir, Burgundy
13 Kravet, 21363-816
15 De le Cuona, 100% Cashmere

Bodenbeläge
3 Limestone Gallery, 2733 Rosso Lepanto Gloss
7 Element 7, Washed Fine Oak
14 GMS Stone floors, Riverbed Flagstones

Sonnenfarben

SAND BIS OCKER, SEITE 147

Stoffe
4 Edelman, All Grain, Baked Bean AG06
5 Chelsea Textiles, F804
6 Nina Campbell, Contarini Collection, Contarini Stripe, NCF3501/04
7 Kravet, 21233, 816
8 Trade Routes, Ostrich, Oryx
9 Andrew Martin, Georgia Collection, Congress, Sandcastle
10 Sun Atelier, SF-TF-STR-002/02, 9-inch Taffeta Stripes
11 Boussac, Santiago, 7683, 02 Beige
14 Andrew Martin, Burford Collection, Burford, Cream

Bodenbeläge
1 Adam Textures, TW2, Wattle Corn
2 Ebonyandco, White Oak, 1 Cherry Stain, Tung Oil Topcoat
3 Crucial Trading, Mississippi Stripe, Orange/Gold, WS104
12 Limestone Gallery, Jerusalem Raliu
13 Crucial Trading, Linen Basketweave, LB19 Sand (Kanten)

TOPAS BIS TERRAKOTTA, SEITE 155

Stoffe
1 Edelman, Royal Suede, Paprika, RS43
2 De le Cuona, Louiza Paisley, Coral, LO4
4 Andrew Martin, Naivasha Collection, Mombasa, Rust
5 Osborne & Little, Taisho Silks Collection, Suji, F5483/01
7 Sun Atelier, SF-TF-STR-25B, Taffeta Stripes
9 Sahco, Ulf Moritz, Tamarinda, 2055-08
12 African Light Trading, Ostrich, Copper
13 De le Cuona, Rainier Paisley, Coral, MMM1
14 Andrew Martin, Petrov, Coral

Bodenbeläge
3 The Alternative Flooring Company, Sisal Panama, Russet Red, 2524
6 Adam, Kasbah Twist, KT34 Kashmir
8 Walton Ceramics, Craftsmanship, W38
10 Crucial Trading, Bamboo, Copper, WB03
11 Crucial Trading, Cotton Herringbone, C25 Ketchup (Kanten)

Erde und Gewürze

KAMEL BIS MAULWURF, SEITE 165

Stoffe
1 Chase Erwin, Ultrasuede, Beaver, 3274
2 Sun Atelier, SFT-03, Silk Taffeta
4 Kravet, 21365-816
5 Nina Campbell, Contarini Collection, Contarini Stripe, NCF3501/06
6 De le Cuona, 100% Cashmere
8 Travers, 402651, Rousseau Velvet Square, Chestnut
10 Kelly Hoppen, Cashmere, KHI9205, Saddle
11 Sun Atelier, SF-TF-STR-002/01
12 Andrew Martin, Limpopo, Emu Dark Brown
14 De le Cuona, Shire Wood, D3

Bodenbeläge
3 Kersaint Cobb & Company, KC Linen, 785/16
7 The Alternative Flooring Company, Wool Sisal Mix, Bergamot, 1653
9 Limestone Gallery, Emperador Light
13 Brintons Carpets, Bell Twist, Wheatsheaf B42

INGWER BIS ZIMT, SEITE 171

Stoffe
2 Chelsea Textiles, F803, Dots and Circles
3 Travers, Delauney Silk Velvet, Sienna, 401732
4 De le Cuona, Chinchilla Almond, CH4
5 Edelman, All Grain, Baked Bean, AG06
6 Travers, Hollyhock, Aubergine & Mint, 107015
9 Andrew Martin, Sheers II, 10039 848
10 Andrew Martin, Rawhide, Antiqued Hide
11 Kravet, 21229-816
12 Nina Campbell, Ptarmigan Weaves Collection, Partridge, NCF3614/01

Bodenbeläge
1 Crucial Trading, Mississippi Stripe, Coffee/Cream, WS106
7 Limestone Gallery, 2506 Rojo Alicante
8 Crucial Trading, Wide Bamboo, Natural, WB02
13 The Alternative Flooring Company, Sisal Bouclé, Red Natural, 1203

TOFFEE BIS SCHOKOLADE, SEITE 178

Stoffe
1 Chase Erwin, Rib, Truffle
2 De le Cuona, 100% Cashmere
3 Andrew Martin, Limpopo, Bison
4 Andrew Martin, Georgia Collection, Congress, Slate
7 Kravet, 21366-816
8 De le Cuona, Shire Wood
9 Andrew Martin, Limpopo, Mkuzi Dark Brown
11 Andrew Martin, Pushkin, Coffee
12 Designers Guild, F1245/01, Spinelli Cocoa
13 Andrew Martin, Painswick Collection, Painswick, Chocolate
14 Sun Atelier, SFT-06
15 Andrew Martin, Parasol, Charcoal
16 Andrew Martin, Rawhide, Rhino Black

Bodenbeläge
5 Element 7, Nero Oak
6 The Alternative Flooring Company, Sisal Bouclé, Blue Natural, 1205
10 Crucial Trading, Mahon, Oatmeal, WM311

Bezugsquellen

FARBEN

Benjamin Moore
www.benjaminmoore.com

Cole & Son
www.cole-and-son.com

Color Wheel Paints
www.colorwheelpaint.com

Crown Paint
www.crownpaint.co.uk

Dulux
www.dulux.de

Emery & Cie
www.emeryetcie.com

Farrow & Ball
www.farrow-ball.com

Fine Paints of Europe
www.finepaintsofeurope.com

Fired Earth
www.firedearth.com

Flamant
www.flamantpaint.com

Francesca's Paint Ltd
www.francescaspaint.com

Hammerite
www.hammerite.com

Harris
www.lgharris.co.uk

Heritage paints
www.heritagepaints.co.uk

Kelly Hoppen Paints
www.kellyhoppen.com

Leyland Paint
www.leyland-paints.co.uk

The Little Greene
www.thelittlegreene.com

Martha Stewart
www.marthastewart.com

Marston & Langinger
www.marston-and-langinger.com

Paint & Paper Library
www.paintlibrary.co.uk

Paper & Paints
+44 (0)20 7352 8626

Plascon
www.plascon.co.za

Ralph Lauren Paint
www.rlhome.polo.com

Ressource
+33 (0)1 42 22 58 80

Sherwin-Williams
www.sherwin-williams.com

Sydney Harbour Paint Company
www.sydneyharbourpaints.com

TAPETEN

Anya Larkin
www.anyalarkin.com

The Art of Wallpaper
www.theartofwallpaper.com

Borderline
www.borderlinefabrics.com

Churchill Fabrics and Wallpapers
www.janechurchill.com

De Gournay
www.degournay.com

Elizabeth Dow Ltd
www.elizabethdow.com

Graham & Brown
www.grahambrown.com

Muraspec
www.muraspec.com

Nobilis
www.nobilis.fr

Philip Jeffries
www.phillipjeffries.com

Sandberg
www.sandbergtapeter.se

William Yeoward
www.williamyeoward.com

TEPPICHE

Adam Carpet
www.carpetinfo.co.uk

The Alternative Flooring Company
www.alternativeflooring.com

Blenheim Carpets
www.blenheim-carpets.com

Brintons Carpet
www.brintons.net

Cavalier Carpets
www.cavaliercarpets.co.uk

Cormar Carpets
www.cormarcarpets.co.uk

Crucial Trading
www.crucial-trading.com

Doris Leslie Blau
www.dorisleslieblau.com

Fort Street Studio
www.fortstreetstudio.com

Kersaint Cobb & Cie
www.kersaintcobb.co.uk

Merida Meridian
www.meridameridian.com

The Rug Company
www.therugcompany.info

STEIN/ BODENFLIESEN UND OBERFLÄCHEN

Ann Sacks
www.annsacks.com

Corian Solid Surfaces
www.corian.com

GMI Stone Granite & Marble
+1 718 832 3628

Granite Marble & Stone Ltd
www.naturalstonefloors.org

Keysgranite
www.keysgranite.com

Limestone Gallery
www.limestonegallery.com

Marmi & Granito
www.marmi.co.uk

Paris ceramics
www.parisceramics.com

Tiles & Stones
www.tilesandstones.com

Unimar Ltd
www.unimarltd.co.uk

Walton Ceramics
www.waltonceramics.co.uk

Walker Zanger
www.walkerzanger.com

HOLZBÖDEN

Ebony & Co
www.ebonyandco.com

Element 7
www.element7.co.uk

Floors 2 Go
www.floors2go.co.uk

Junckers
www.junckers.com

Mafkildea
www.wood4floors.co.uk

The Natural Wood Floors Co
www.naturalwoodfloor.co.uk

Raleo Surfaces
www.raleo.com

Walking on Wood
www.hardwoodfloors.co.uk

The Wooden Floors Specialists Ltd
www.woodenfloors.co.uk

STOFFE

Abbott & Boyd Ltd
www.abbottandboyd.co.uk

Ainsworth-Noah
www.ainsworth-noah.com

Andrew Martin
www.andrewmartin.co.uk

Beacon Hill
www.beaconhilldesign.com

Bergamo Fabrics
www.bergamofabrics.com

Boussac
www.boussacfadini.com

Brentano Inc
www.brentanofabrics.com

Brimar
www.brimarinc.com

Brunschwig & Fils, Inc.
www.brunschwig.com

Cabbages and Roses
www.cabbagesandroses.com

Carleton V
+1 212 355 4525

Chase Erwin silks
www.chase-erwin.com

Chelsea Textiles
www.chelseatextiles.com

Clarence House
www.clarencehouse.com

Cowtan & Tout
+1 310 659 1423

Création Baumann
www.creationbaumann.com

Dedar
www.dedar.com

De Le Cuona
www.delecuona.co.uk

Designers Guild
www.designersguild.com

Dominique Kieffer
www.dkieffer.com

Donghia
www.donghia.com

Eastern Accents
www.easternaccents.com

G. P. & J. Baker
www.gpjbaker.com

Harlequin
www.harlequin.uk.com

Jane Piper Reid & Company
www.jprco.com

Kelly Hoppen
www.kellyhoppen.com

Kravet, Inc.
www.kravet.com

Lee Jofa
www.leejofa.com

Lena Proudlock
www.lenaproudlock.co.uk

Madura
www.madura.co.uk

Manuel Canovas
www.manuelcanovas.com

Nina Campbell
www.ninacampbell.com

Olivier Desforges
www.olivierdesforges.com

Osbourne & Little
www.osborneandlittle.com

Pindler & Pindler Inc
www.pindler.com

Pollack
www.pollackassociates.com

Rogers & Goffigon
+1 212 888 3242

Romo
www.romofabrics.com

Rubelli
www.rubelli.com

Sahco Hesslein
www.sahcohesslein.com

Sanderson
www.sanderson-uk.com

Stark & Texture/Stark Carpet
www.starkcarpet.com

Storehouse
www.storehouse.com

Sun Atelier
www.sunfabrics.com

Trade Routes
+44 (0)20 7622 6276

Travers & Company
www.traversinc.com

Turnell & Gigon
www.tandggroup.com

Zimmer + Rohde
0617/163 202
www.zimmer-rohde.com

Zoffany
www.zoffany.com

KUNSTFELLE

Andrew Martin
www.andrewmartin.co.uk

Brunschwig & Fils, Inc.
www.brunschwig.com

Christopher Hyland
www.christopherhyland.com

Clarence House
www.clarencehouse.com

Decorators Walk
+1 212 415 3955

Le Décor Français
www.ledecorfrancais.com

Duralee
www.duralee.com

Fonthill, Ltd
www.fonthill-ltd.com

Nancy Corzine
www.nancycorzine.com

Osborne & Little
www.osborneandlittle.com

Scalamandré
www.scalamandre.com

F. Schumacher & Co
www.fschumacher.com

J. Robert Scott
www.jrobertscott.com

Travers & Company
www.traversinc.com

LEDER

African Light & Trading
www.altrad.co.za

Altiplano
www.altiplano.co.uk

Bauer International Inc
www.bauerinternational.com

Bernhardt
www.bernhardt.com

Elite Leather
www.eliteleather.com

Swaim
www.swaim-inc.com

Teddy & Arthur Edelman, Ltd
www.edelmanleather.com

MÖBEL

Artefacto
www.artefacto.com

Baker
www.bakerfurniture.com

Blanc d'Ivoire
www.blancdivoire.com

Bretz
www.mycultsofa.com

Calico Corners
www.calicocorners.com

Decorative Crafts
www.decorativecrafts.com

Dedon
www.dedon.de

Galerie Frédéric Méchiche
+33 (1) 42 78 78 28

Ixcasala
www.ixcasala.com

Janus et Cie
www.janusetcie.com

Ligne roset
www.ligne-roset.de

Ma Maison
www.mamaison.uk.com

Marianne von Kantzow
www.solgarden.net

McGuire
www.mcguirefurniture.com

Mitchell Gold & Bob Williams
www.mgandbw.com

Monkwell
www.monkwell.com

Newel
www.newel.com

Pamela Kline Traditions
www.traditionspamelakline.com

Robert Allen
www.robertallendesign.com

Roche Bobois
www.roche-bobois.com

Smallbone of Devizes
www.smallbone.co.uk

Yves Delorme
www.yvesdelorme.com

ACCESSOIRES

Artemide Leuchten
www.artemide.de

Baccarat
www.baccarat.fr

Ballard Designs
www.ballarddesigns.com

Bellacor
www.shop.bellacor.com

Bill Amberg
www.billamberg.com

The Conran Shop
www.conranshop.co.uk

Contemporary Applied Arts
www.caa.org.uk

Crate & Barrel
www.crateandbarrel.com

The Dining Room Shop
www.thediningroomshop.co.uk

Fishs Eddy
www.fishseddy.com

Flos
www.flos.com

Graham & Green
www.grahamandgreen.co.uk

Guinevere Antiques
www.guinevere.co.uk

Habitat
www.habitat.net

Harrison & Gil
www.harrison-gil.com

Ikea
www.ikea.de

Jane Sacchi Linens
www.janesacchi.com

Mathieu Lustrerie
www.mathieulustrerie.com

Piet Bone Zone at Mint
+44 (0)20 7224 4406

Pottery Barn
www.potterybarn.com

Restoration Hardware
www.restorationhardware.com

Selfridges
www.selfridges.com

Tade
www.tade.fr

Thomas Goode
www.thomasgoode.com

V V Rouleaux
www.vvrouleaux.com

West Elm
www.westelm.com

Zara Home
www.zarahome.com

RAHMEN

Aaron Brothers
www.aaronbrothers.com

Exposures
www.exposuresonline.com

Larson Juhl
www.larsonjuhl.com

DESIGNER

Rachel Ashwell Design
www.shabbychic.com

Jason D. Bell
www.jdbellinc.com

Louise Bradley
www.louisebradley.co.uk

Nancy Braithwaite Interiors Inc.
+1 404 355 1740

Alessandra Branca
www.branca.com

Sumien Brink
Mail: sbrinck@visi.co.za

Caproni Associates Inc.
caproni200@aol.com

David Carter
www.alacarter.com

Clodagh Design
www.clodagh.com

David Collins
+44 (0)20 7349 5900

Michael Coorengel &
Jean-Pierre Calvagrac
www.designdecoration.com

Bernie De Le Cuona
www.delecuona.co.uk

Drake Design Associates
www.drakedesignassociates.com

Agnès Emery
www.emeryetcie.com

Luigi Esposito
www.formadesigns.co.uk

Gérard Faivre
www.gerardfaivre.com

Stephen Falcke
Fax: +27 (0)113 27 67 30

Frank Faulkner
+1 518 828 2295

Fox Linton Associates
www.foxlinton.co.uk

Terry Hunziker Inc.
+1 206 467 1144

Jacquelyne P Lanham
Designs
+1 404 364 0472

Jean Larette
www.larettedesign.com

Larry Laslo
+1 212 734 3824

Frédéric Méchiche
+33 (0)1 42 78 78 28

Catherine Memmi
www.catherinememmi.com

John Minshaw Designs
+44 (0)20 7486 5777

Eldo Netto
+1 212 888 7900

Alberto Pinto
+33 (0)1 40 13 75 80

Katharine Pooley
www.katharinepooley.com

Stephen Roberts
www.stephenroberts.com

Diana Sieff
www.sieff.co.uk

Vicente Wolf
www.vw-home.com

HOTELS

The G Hotel
+35 (0)3918 65200

The Grove Hotel
www.thegrove.co.uk

Home Hill Inn
www.homehillinn.com

Soho Hotel
www.sohohotel.com

Danksagung

DIE ARBEIT AN DIESEM BUCH war anregend und hat viel Spaß gemacht, weil wir alle das Gefühl hatten, das Rad neu zu erfinden. Wie immer gibt es viele, denen ich für Mitarbeit, Unterstützung und Ermutigung zu danken habe. Ohne meine »Gang« aus der Walton Street würde ich nicht einmal über ein Buchprojekt nachdenken: Bernie de le Cuona und ihr Team, die das Geschäft einen Tag lang geschlossen haben, damit wir ihr erstaunliches Talent im Umgang mit Textur und Farbe dokumentieren konnten; Mona Perlhagen von Chelsea Textiles mit ihrem großartigen Feingefühl für die perfekten neutralen Farben; das Team von Andrew Martin, die uns herrliche Stoffmuster beschafft haben, wann immer wir sie brauchten, und die uns mit Begeisterung und Sachverstand unterstützt haben; Katharine Pooley und Luigi Esposito, die uns immer in jeder Hinsicht geholfen haben – doch zu ihnen später. Was wäre ich ohne meine Kollegen aus der Walton Street – nicht zu vergessen Baker & Spice, die viel für unser leibliches Wohl getan haben.

Es war eine Herausforderung, Farben in einer neutralen Palette einmal ganz neu zu zeigen. Wertvolle Inspirationen haben wir bei Kit Kemp im Soho Hotel gefunden. Luigi Espositos Design, Katharine Pooleys fantastische Ausstattung und die einfallsreichen Waterside Penthouses haben uns einen prächtigen Fototag beschert. Von Francesca Wezel habe ich viel über den Umgang mit Wandfarben gelernt, der für einen gelungenen Raum eine so wichtige Rolle spielt. Und Diana Sieff hat mir ausführlich erklärt, wie man Neutralfarben mit Akzenten beleben kann.

In New York haben wir Impulse von Vicente Wolf und David Rogal bekommen. Jamie Drake und Jason Witcher zeigten uns neue, faszinierende Möglichkeiten mit Farbe umzugehen, und der wunderbar exzentrische Larry Laslo hat mich auf so viele Ideen gebracht! Jason Bell war so charmant und auskunftsfreudig wie immer und auch Eldo Netto war ganz der Alte: ein Wunder an Wissen und tollen Ideen.

In Paris konnten wir mit den talentierten und charismatischen Designern Michael Coorengel und Jean-Pierre Calvagrac in ihrem beeindruckenden neuen Appartement arbeiten. Gérard Faivre zeigte uns in seiner Miniwohnung in der Rue Bonaparte, wie man mit den richtigen Farben Platz schaffen kann.

In Südafrika durften wir drei neue Häuser fotografieren, die Stephen Falcke gestaltet hat, darunter Adrian Brinks wunderbares Haus in Rot. Sumien Brink, Herausgeberin der Zeitschrift „Visi", teilte mit uns ihr Wissen über Farbe.

Ich danke auch Gerald Barrett und Caroline Kennedy vom G Hotel für ihre große Hilfsbereitschaft. Das ganze Team, das an diesem Buch mitgearbeitet hat, war großartig und ich bedanke mich bei allen für ihre Mühe. Ich weiß, dass ich immer viel verlange. Mit Luke White hatte ich zuvor noch nicht gearbeitet, doch auch er kam rasch mit meiner fordernden Arbeitsweise zurecht. Danken möchte ich auch Chalkey Calderwood Pratt für die Energie, Ausdauer und das große Talent beim Gestalten dieses Buches, und meiner Lektorin Zia Mattocks, ohne deren Humor, Hartnäckigkeit und Charme wir dieses Projekt nie bewältigt hätten. Und natürlich war es wieder ein besonderes Vergnügen, mit Jacqui Small zu arbeiten, der einzigen Person, die es schafft, mich zu etwas zu bringen, das ich eigentlich gar nicht kann.

Bildnachweise

Alle Fotos, soweit nicht anders angegeben, von Luke White.

Abkürzungen: o = oben, u = unten, l = links, r = rechts, M = Mitte; gest. v. = gestaltet von

Innentitel vorn: James Gager und Richard Ferrettis New Yorker Wohnung, gest. in Zusammenarbeit mit Stephen Roberts; Innentitel hinten: Colettes Restaurant in The Grove, Hertfordshire, gest. von Fox Linton Associates
1 Jamie Drakes Haus in East Hampton; 2–3 Catherine Memmis Haus in der Normandie; 4 Stadthaus in New York, gest. v. Larry Laslo für LL Designs; 5o Bernie de le Cuonas Showroom in London; 5M Gérard Faivres Wohnung in Paris; 5u Haus in Bridgehampton, gest. v. Vicente Wolf; 6 Bernie de le Cuonas Haus in Windsor; 7 Catherine Memmis Haus in der Normandie; 8 Wohnung am Flussufer in London, gest. v. Luigi Esposito; 9o Soho Hotel, London, gest. v. Kit Kemp; 9u Bernie de le Cuonas Haus in Windsor; 10 Michael Coorengel & Jean-Pierre Calvagracs Wohnung in Paris; 11 Haus in Südafrika, gest. v. Stephen Falcke/Fotos David Ross; 12 Penthouse Loft in New York, gest. v. Clodagh Design; 13 Eldo Nettos Wohnung in New York; 14 Haus in Bridgehampton, gest. v. Vicente Wolf; 17 Kenneth Wyses Haus in East Hampton, gest. v. Larry Laslo für LL Designs; 18 James Gager & Richard Ferrettis Wohnung in New York, gest. in Zusammenarbeit mit Stephen Roberts; 19o Kenneth Wyses Haus in East Hampton, gest. v. Larry Laslo für LL Designs; 19u Wohnung am Flussufer in London, gest. v. Luigi Esposito; 20 Bernie de le Cuonas Haus in Windsor; 21 Haus in Bridgehampton, gest. v. Vicente Wolf; 22 Kenneth Wyses Haus in East Hampton, gest. v. Larry Laslo für LL Designs; 25 Wohnung am Flussufer in London, gest. v. Luigi Esposito; 26 Wohnung am Flussufer in London, gest. v. Luigi Esposito; 27o Denise Seegals Wohnung in New York, gest. v. Sonja & John Caproni/Fotos Simon Upton; 27u Designer Alberto Pinto/Fotos Giogio Baroni; 29o Wohnung am Flussufer in London, gest. v. Luigi Esposito; 30 Mr. & Mrs. Robert Meyrowitzs Haus in Old Westbury, gest. v. Vicente Wolf; 32o Stadthaus in New York, gest. v. Larry Laslo of LL Designs; 32u Wohnung in New York, gest. v. Frédéric Méchiche/Fotos Simon Upton; 33 Bernie de le Cuonas Haus in Windsor; 34–35 Haus in Südafrika, gest. v. Stephen Falcke/ Fotos David Ross; 35 Haus in Südafrika, gest. v. Stephen Falcke/ Fotos David Ross; 36o Frank Faulkners Haus in Catskill, New York/ Fotos Simon Upton; 36u Haus in Südafrika, gest. v. Stephen Falcke/Fotos David Ross; 37 Bernie de le Cuonas Haus in Windsor; 38 Bernie de le Cuonas Haus in Windsor; 39o Wohnung am Flussufer in London, gest. v. Luigi Esposito; 39u Haus in Watermill, gest. v. Vicente Wolf und seinem Kompagnon David Rogal; 40o Catherine Memmis Haus in der Normandie; 40ul Bernie de le Cuonas Haus in Windsor; 40ur Wohnung am Flussufer in London, gest. v. Luigi Esposito; 41ol Gérard Faivres Wohnung in Paris; 41or Wohnung am Flussufer in London, gest. v. Luigi Esposito; 41u Kenneth Wyses Haus in East Hampton, gest. v. Larry Laslo für LL Designs; 42 Mr. & Mrs. Robert Meyrowitzs Haus in Old Westbury, gest. v. Vicente Wolf; 45 Designer Nancy Braithwaite/Fotos Fritz von der Schulenburg; 46 Michael Coorengel & Jean-Pierre Calvagracs Wohnung in Paris; 47o Marianne von Kantzows Geschäft Solgården in Stockholm/Fotos Simon Upton; 47u Wohnung

am Flussufer in London, gest. v. Luigi Esposito; 48o Gérard Faivres Wohnung in Paris; 48u Frank Faulkners Haus in Catskill, New York/ Fotos Simon Upton; 49 Denise Seegals Wohnung in New York, gest. v. Sonja & John Caproni/Fotos Simon Upton; 50–51 Mr. & Mrs. Robert Meyrowitzs Haus in Old Westbury, gest. v. Vicente Wolf; 51 Michael Coorengel & Jean-Pierre Calvagracs Wohnung in Paris/Fotos Simon Upton; 52 G Hotel, Galway, Innenarchitekt Philip Treacy; 55 Wohnung am Flussufer in London, gest. v. Luigi Esposito; 56o Gérard Faivres Wohnung in Paris; 56u Wohnung am Flussufer in London, gest. v. Luigi Esposito; 57 Wohnung am Flussufer in London, gest. v. Luigi Esposito; 58o G Hotel, Galway, Innenarchitekt Philip Treacy; 58u Michael Coorengel & Jean-Pierre Calvagracs Wohnung in Paris; 59 Gérard Faivres Wohnung in Paris; 60–64 Wohnung am Flussufer in London, gest. v. Luigi Esposito; 64–65 Soho Hotel, London, gest. v. Kit Kemp; 65 Michael Coorengel & Jean-Pierre Calvagracs Wohnung in Paris/Fotos Simon Upton; 66–67 James Gager & Richard Ferrettis Wohnung in New York, gest. in Zusammenarbeit mit Stephen Roberts; 68o Stadthaus in New York, gest. v. Larry Laslo für LL Designs; 68u Bernie de le Cuonas Haus in Windsor; 69o Designer Stephanie Hoppen/ Fotos Fritz von der Schulenburg; 70 Wohnung am Flussufer in London, gest. v. Luigi Esposito; 70–71 Gérard Faivres Wohnung in Paris; 71 James Gager & Richard Ferrettis Wohnung in New York, gest. in Zusammenarbeit mit Stephen Roberts; 72 Jamie Drakes Haus in East Hampton; 74 Haus in Bridgehampton, gest. v. Vicente Wolf; 76 Mona Perlhagens Showroom (Chelsea Textiles) in London; 77 Agnès Emerys Haus in Brüssel/ Fotos Simon Upton; 78 Marian Williams Wohnung in New York, gest. v. Jason D. Bell; 81 gest. v. Jacquelynne P. Lanham/Fotos Simon Upton; 82 Mona Perlhagens Showroom (Chelsea Textiles) in London; 82–83 Denise Seegals Wohnung in New York, gest. v. Sonja & John Caproni/Fotos Simon Upton; 83 Marian Williams Wohnung in New York, gest. v. Jason D. Bell; 84ol&r gest. v. Jacquelynne P. Lanham/ Fotos Simon Upton; 84u Michael Coorengel & Jean-Pierre Calvagracs Wohnung in Paris; 87 Pamela Klines Haus in Claverack, New York/Fotos Simon Upton; 88l David Carters Haus in London/Fotos Simon Upton; 88r Kenneth Wyses Haus in East Hampton, gest. v. Larry Laslo für LL Designs; 89 Designer David Collins/Fotos Fritz von der Schulenburg; 90o Kenneth Wyses Haus in East Hampton, gest. v. Larry Laslo für LL Designs; 90u Terry Hunzikers Wohnung in Seattle/Fotos Ken Hayden; 92 David Carters Haus in London/Fotos Simon Upton; 93o Designer David Collins/Fotos Fritz von der Schulenburg; 93u Mona Perlhagens Showroom (Chelsea Textiles) in London; 95 Jamie Drakes Haus in East Hampton; 96 Michael Coorengel & Jean-Pierre Calvagracs Wohnung in Paris/ Fotos Simon Upton; 98l Eldo Nettos Wohnung in New York; 98r Colettes Restaurant , The Grove, Hertfordshire, gest. v. Fox Linton Associates; 99 Designer Alberto Pinto/Fotos Giorgio Baroni; 100ol Jamie Drakes Haus in East Hampton; 100or Eldo Nettos Wohnung in New York; 100u Michael Coorengel & Jean-Pierre Calvagracs Wohnung in Paris; 102 Noel Berk & Omedes Wohnung in New York, gest. v. Drake Design Associates; 104 Bernie de le Cuonas Haus in Windsor; 105 Noel Berk & Omedes Wohnung in New York, gest. v. Drake Design Associates; 106 Mona Perlhagens Showroom (Chelsea Textiles) in London; 107o Deborah Bretts Haus in London/Fotos Bob Smith; 107u Wohnung in New York, gest. v. Frédéric Méchiche/Fotos Simon Upton; 108 Lena Proudlocks Haus in Gloucestershire/Fotos Simon Upton; 109 Bernie de le Cuonas Showroom in London; 111 Colettes Restaurant , The Grove, Hertfordshire, gest. v. Fox Linton Associates; 112 Jamie Drakes Haus in East Hampton; 112–113 Haus in Südafrika, gest. v. Stephen Falcke/Fotos David Ross; 113 G Hotel, Galway, Innenarchitekt Philip Treacy; 114o Colettes Restaurant, The Grove, Hertfordshire, gest. v. Fox Linton Associates; 114u Elena & Stephen Georgiadis Haus in London, gest. v. John Minshaw Designs Limited/Fotos Simon Upton; 115 Wohnung am Flussufer in London, gest. v. Luigi Esposito; 116o Jamie Drakes Haus in East Hampton; 116u Haus in Südafrika, gest. v. Stephen Falcke/Fotos David Ross; 117 Colettes Restaurant , The Grove, Hertfordshire, gest. v. Fox Linton Associates; 118 Soho Hotel, London, gest. v. Kit Kemp; 121 Jamie Drakes Haus in East Hampton; 122 Bernie de le Cuonas Showroom in London; 123 Jamie Drakes Haus in East Hampton/Fotos Fritz von der Schulenburg; 124 G Hotel, Galway, Innenarchitekt Philip Treacy; 125 Soho Hotel, London, gest. v. Kit Kemp; 126–130 Haus in Südafrika, gest. v. Stephen Falcke/Fotos David Ross; 133 Soho Hotel, London, gest. v. Kit Kemp; 134 Designer Louise Bradley/Fotos Ray Main; 135 Gérard Faivres Wohnung in Paris; 136 Soho Hotel, London, gest. v. Kit Kemp; 138 Jamie Drakes Haus in East Hampton; 139o G Hotel, Galway, Innenarchitekt Philip Treacy; 139u Soho Hotel, London, gest. v. Kit Kemp; 140 Noel Berk und Omedes Wohnung in New York, gest. v. Drake Design Associates; 143 Fotos Simon Upton; 144 Denise Seegals Wohnung in New York, gest. v. Sonja & John Caproni/Fotos Simon Upton; 144–145 Jerry & Maxine Swartzs Haus in Germantown, gest. v. Frank Faulkner/Fotos Simon Upton; 145 Fotos Simon Upton; 146 Designer Nancy Braithwaite/Fotos Fritz von der Schulenburg; 148 Jamie Drakes Haus in East Hampton; 150 Bernie de le Cuonas Haus in Windsor; 151 Soho Hotel, London, gest. v. Kit Kemp; 152 Jerry & Maxine Swartzs Haus in Germantown, gest. v. Frank Faulkner/Fotos Simon Upton; 153 Michael Coorengel & Jean-Pierre Calvagracs Wohnung in Paris; 154 Jeannette Changs Wohnung in New York, gest. v. Sonja & John Caproni/Fotos Simon Upton; 156 Stephane & Victoria du Roures Haus in New Hampshire/Fotos Simon Upton; 157o Bernie de le Cuonas Haus in Windsor; 157u Jerry & Maxine Swartzs Haus in Germantown, gest. v. Frank Faulkner/ Fotos Simon Upton; 158–161 Penthouse Loft in New York, gest. v. Clodagh Design; 162 Mr. & Mrs. Robert Meyrowitzs Haus in Old Westbury, gest. v. Vicente Wolf; 163 Stadthaus in New York, gest. v. Larry Laslo für LL Designs; 164–165 Penthouse Loft in New York, gest. v. Clodagh Design; 166 Eldo Nettos Wohnung in New York; 168 Designer Alberto Pinto/Fotos Giorgio Baroni; 169 Mr. & Mrs. Robert Meyrowitzs Haus in Old Westbury, gest. v. Vicente Wolf; 170o Wohnung am Flussufer in London, gest. v. Luigi Esposito; 170u Stadthaus in New York, gest. v. Larry Laslo für LL Designs; 173 Haus in Watermill, gest. v. Vicente Wolf und seinem Kompagnon David Rogal; 174 Stadthaus in New York, gest. v. Larry Laslo für LL Designs; 175o Soho Hotel, London, gest. v. Kit Kemp; 175u Haus in Südafrika, gest. v. Stephen Falcke/ Fotos David Ross; 176 Bernie de le Cuonas Showroom in London; 177 Soho Hotel, London, gest. v. Kit Kemp; 179 Wohnung am Flussufer in London, gest. v. Luigi Esposito; 180 Haus in Südafrika, gest. v. Stephen Falcke/Fotos David Ross; 181o Wohnung am Flussufer in London, gest. v. Luigi Esposito; 181ul Wohnung am Flussufer in London, gest. v. Luigi Esposito; 181ur Designer Alberto Pinto/Fotos Giorgio Baroni; 182o Wohnung am Flussufer in London, gest. v. Luigi Esposito; 182u Bernie de le Cuonas Showroom in London; 183 Noel Berk & Omedes Wohnung in New York, gest. v. Drake Design Associates.

Register